LA OTRA CARA DE JESUS

Primera edición: Julio 2025

Publicado por ClassicReadings

Plano, TX.

ISBN 979-8-89860-071-6

PROLOGO

"No creas en nada simplemente porque lo diga la tradición, ni siquiera aunque lo diga tu maestro. Después de la observación y el análisis, cuando descubras que algo está en armonía con la razón y conduce al bien, entonces acéptalo y vívelo."
— El Buda

Pocas figuras han sido más manipuladas, idealizadas, distorsionadas o politizadas que la de Jesús de Nazareth. A lo largo de dos milenios, su imagen ha sido despojada progresivamente de humanidad y envuelta en un aparato de poder eclesiástico que, lejos de acercarnos a su mensaje, lo ha empañado con dogmas, estructuras jerárquicas y amenazas espirituales. La pregunta, sin embargo, no es si Jesús existió, sino qué quiso decir realmente, qué vino a enseñarnos y por qué su legado ha sido objeto de una censura meticulosa y sistemática.

Este libro es un viaje hacia esas respuestas.

La otra cara de Jesús no pretende destruir la fe. Por el contrario, la ilumina desde un ángulo vedado por siglos de imposición religiosa. No se trata de rechazar la espiritualidad, sino de liberarla del yugo de la doctrina que la convirtió en instrumento de sumisión. Este texto es un acto de desobediencia espiritual, una exploración sincera en busca del Jesús real: el ser humano, el maestro, el rebelde, el mensajero, el iluminado.

Y es aquí donde el budismo, como vía paralela y complementaria, nos presta su sabiduría milenaria. Así como el Buda se enfrentó a los rituales vacíos del brahmanismo y al sistema de castas que justificaba la desigualdad, Jesús también desafió a las autoridades religiosas de su tiempo. Ambos fueron despertadores de conciencia, no fundadores de religiones. Ninguno de ellos escribió una sola línea, pero sus palabras han sido copiadas, interpretadas y, muchas veces, manipuladas por generaciones enteras.

Ambos señalaron hacia adentro.

El Buda dijo: *"La verdad está en tu interior. No busques fuera de ti."*
Jesús dijo: *"El Reino de Dios está dentro de vosotros."*

El paralelismo no es accidental. Muchas tradiciones coinciden en que durante los años perdidos de Jesús (aquel período misterioso entre los 12 y los 30 años que los evangelios ignoran) el Nazareno habría viajado al oriente, posiblemente a la India, al Tíbet o al Egipto místico. ¿Qué buscaba? ¿Qué aprendió? ¿Por qué ese silencio tan elocuente?

Este libro no lo afirma con certeza, pero sí recoge las voces, los documentos y las pistas que apuntan a esa posibilidad. Nos recuerda que Jesús no fue un europeo de piel blanca y ojos azules, como lo pintaron los conquistadores, sino un semita oscuro, nacido en un rincón humilde del mundo, entre agricultores, pescadores y obreros. Y aún así, su pensamiento fue universal, profundamente revolucionario.

En ese espíritu, *La otra cara de Jesús* actúa como un espejo. No solo nos revela lo que otros ocultaron (los evangelios apócrifos, las contradicciones históricas, los intereses detrás de concilios como el de Nicea o el de Trento) sino que nos invita a confrontarnos a nosotros mismos. ¿En qué creemos realmente? ¿A qué hemos llamado fe? ¿Cuánto de lo que seguimos fue heredado por miedo?

El miedo, justamente, es un tema recurrente en estas páginas.

Como advirtió el filósofo Baruch Spinoza, cuya figura recorre este texto con agudeza: una religión que se funda en el miedo, no puede llevar a la libertad. Si el alma humana es libre por naturaleza, ¿por qué tantos credos se han empeñado en esclavizarla bajo el peso de la culpa, el pecado, el juicio final y el infierno eterno?

Buda habló del sufrimiento como una condición inherente a la vida, pero también mostró el camino hacia su superación. No con amenazas, sino con sabiduría y práctica interior. Jesús, en su verdadero mensaje, también ofreció esa salida: el perdón como liberación, el amor como ley superior, la compasión como forma de vivir. Y, sin embargo, su nombre fue usado por siglos para justificar guerras, inquisiciones, cruzadas, exterminios y silencios obligados.

¿Cómo reconciliar entonces al Jesús histórico con el Cristo dogmático?

Este libro responde sin ambigüedad: hay un abismo entre uno y otro. El primero caminaba entre los olvidados, se sentaba con prostitutas, comía con pecadores, hablaba en parábolas para que lo entendieran los simples. El segundo fue fabricado por emperadores y jerarcas, embellecido con ropajes de gloria para justificar imperios, convertido en fetiche por quienes temen el pensamiento libre.

La autora de esta obra (que escribe desde una voz personal, desgarradora y lúcida) no se limita a denunciar los errores del cristianismo institucional. Va más allá. Nos entrega su testimonio íntimo, sus visiones, sus traumas, sus preguntas de infancia. Y al hacerlo, traza un camino que no es solamente intelectual, sino existencial. Un camino que se parece mucho al sendero budista: el despertar no ocurre con libros, sino con dolor. Y el dolor, bien comprendido, se transforma en sabiduría.

No es casual que el despertar en el budismo se llame *Bodhi*, y que el árbol bajo el cual Buda alcanzó la iluminación haya sido llamado el Árbol del Despertar. En estas páginas, el árbol bajo el cual despierta la conciencia es otro: el árbol genealógico de una iglesia que ha perdido el rumbo. Y el fruto que cuelga de él no es una manzana prohibida, sino una pregunta urgente:

¿Quién fue, en verdad, Jesús?

La otra cara de Jesús no solo recoge documentos olvidados, evangelios enterrados, concilios manipulados o reflexiones filosóficas. También contiene una voz profundamente humana que se atreve a decir lo que muchos piensan y pocos se atreven a verbalizar: que Jesús nunca quiso una iglesia. Nunca pidió que lo adoraran. Nunca construyó una doctrina. Nunca habló de infiernos eternos ni de castigos divinos. Su mensaje era de libertad, no de esclavitud.

Y ese mensaje, como las enseñanzas del Buda, incomoda a los poderosos.

Por eso lo crucificaron. Por eso lo silenciaron. Por eso quemaron libros. Por eso borraron capítulos. Por eso nos hicieron repetir oraciones sin alma y temer preguntas con sentido. Porque un ser humano verdaderamente libre es la amenaza más peligrosa para cualquier sistema de control. Porque una mente despierta no necesita templos, ni sacerdotes, ni indulgencias, ni castigos.

Solo necesita verdad.

Y esa verdad; como dijo Jesús; nos hará libres. Aunque antes nos duela. Aunque antes lo perdamos todo. Aunque nos arranquen la comodidad de una fe heredada para ofrecernos la desnudez de una búsqueda auténtica.

Este libro no busca convencerte de nada. No impone, no dicta, no sermonea. Solo propone. Solo comparte. Solo abre ventanas para que tú mires. Si decides mirar, que sea con ojos limpios. Si decides creer, que sea desde la libertad. Si decides no creer, que sea también desde el respeto y la honestidad.

Como dijo Buda: *"Somos lo que pensamos. Todo lo que somos surge con nuestros pensamientos. Con ellos construimos el mundo."*
Jesús, seguramente, asentiría.

Miguel González

ÍNDICE

"El Reino de Dios está dentro de vosotros"

Estudiaba a mis 12 años en un colegio de monjas, donde la misa, el rosario, la clase de catecismo y los retiros espirituales por una semana al terminar el año, eran obligación so pena de sanciones entre rebajar la calificación, escuchar las clases de pie y según la decisión, en el rincón o al frente del grupo.

Es decir, allí las enseñanzas religiosas eran no solo obligatorias, sino aceptarlas so pena de irnos al infierno o al purgatorio dependiendo del pecado cometido según las monjas.

Aquello ya a mi edad me parecía un absurdo, no era posible que el Dios del cual nos hablaban justo y benévolo, nos castigaría siendo tan jóvenes por el solo hecho de no ir a misa, o desobedecer a las monjas o en fin que nos hablaban de un dios que exigía sumisión, obediencia sin protestar para no terminar en un infierno donde nos consumirían las llamas.

En las clases de catecismo, aquello de Adán y Eva, con dos hijos Caín y Abel, la serpiente, la manzana y todo eso en el génesis de la biblia, no me cuadraban, repreguntaba a la monja de turno, quién sin dejarme terminar mi inquietud, me señalaba con la regla: "Montero, siéntese" era la repuesta, a mis dudas. No aceptaba todo aquello que querían meternos en nuestra mente aquellas estrictas monjas, nunca fueron de mi satisfacción, aquello no era posible, pero bueno para ellas si lo era, y así tenía que aceptar en silencio, evitándome que mis propias compañeras me dijeran a una sola voz cuando veían me levantaba para preguntar: "Montero siéntese" con risas unos, y burlas otros...

Fueron muchos años, toda la primaria, toda la secundaria, con esa realidad en mi vida y en mis creencias obligadas, pero internamente mi lógica no me permitía aceptar todo aquello.

Recuerdo un acto de injusticia que retumbó en mí, estando ya en segundo año de bachillerato, nos anuncian que tendríamos un nuevo profesor de inglés, ya no al señor Peter, no recuerdo su apellido, pero no conforme con eso, su hija compañera que cursaba el primer año, también fue retirada por la dirección del colegio, el motivo: ser de raza negra, eran trinitarios y en la reunión de la junta de padres y representantes, plantearon la solicitud de retirarlos del colegio solo por el color de su piel, las monjas al día siguiente procedieron a la petición, fueron amenazadas por esos señores de la elite de la ciudad de retirar a sus hijas y a las contribuciones anuales si ellos continuaban en calidad de profesor y alumna.

Esa acción de las monjas nos demostró aún más que sus prédicas de amor, igualdad y fraternidad era solo hipocresía.

Luego en mi familia, con una madre super religiosa, mi padre no tanto, pero igual respetaba a mi madre, con unos abuelos más religiosos aún, callé por años y años mis inquietudes, aquello de Adán y Eva, la serpiente, que por no acudir a misa todos los domingos, me condenaría en las llamas del infierno, me hicieron con el pasar del tiempo, en una persona casi anti religiosa, las misas me parecían vacías, unos sacerdotes repitiendo lo mismo como loros, y en fin que ya adulta, periodista, carrera que escogí desde esos 12 años y lo cumplí, y ahora en mi retiro profesional después de más de 40 años de ejercicio me dedique a escribir libros de ficción, sobre cuentos y fantasías inspirada por mí musa.

Luego de las visiones de Jesús y lo que me llegaba a mi mente decidí conocer la vida de Jesús de Nazareth y así investigando por diferentes fuentes para aclarar mis dudas buscando reivindicarme en la parte espiritual, hasta entonces había sido muy materialista, más por traumas infantiles y juveniles, que por no creer en Jesús, en su vida, pasión y muerte, en quien siempre creí pero solo en él, siendo el único en quien me refugiaba en mis días álgidos, en Jesús de Nazareth como le digo, nada de curas o sacerdotes, de misas que para nada me llenaron espiritualmente y en fin que estando en casa de mi hijo en Estados Unidos donde me pasaba unos días, tuve visiones que me llegaron de Jesús de Nazareth. A pesar de mi nula fe religiosa, recibí su presencia.

 La primera vez lo vi reflejado en el techo del cuarto donde dormía con mis nietos, allí estaba Jesús con los brazos extendidos hacia arriba eran las 3 de la mañana, apreté mis manos sobre mi pecho, "Jesús, eres tú", si era Jesús, era él, era él, lloré, lloré, él me quería inducir a buscarlo, su mensaje así lo entendí y bajo la cobija para no despertar a los chicos, lloré, no sé si por vergüenza con él, o por arrepentimiento, pero esa madrugada ya no dormí más.

Luego a los días se reflejó en las losas del baño, insólito, increíble, pero así fue, allí solo vi su cara, era como un recordatorio "aquí estoy", sentí como un impulso, el próximo libro será para él.

Pasando unos 5 días estando en el sofá del salón, escribiendo el final de uno de mis libros, en la pared frente a mí, sobre el televisor, allí estaba él de cuerpo entero como bajando hacía mí, la impresión fue demasiado y sola, siempre estaba sola en esos momentos, mi cuerpo creo sufrió una baja de tensión, mis manos y pies fríos y un vacío en mi estómago, esa ha sido la imagen más impresionante, allí estaba vestido con los colores blanco y rojo, me sonreía, allí algo despertó en mí, algo así, como "ven a mí", que esa tarde estando sola en el salón, lloré, lloré mucho y fue en ese momento cuando sentí que tenía que saber quién es realmente Jesús, no creía mucho en todo lo que me dijeron las monjas y luego mi madre, fiel reflejo de la manipulación de la iglesia.

Era mucha la insistencia con sus apariciones, al llegar mi hijo del trabajo le comuniqué todas esas visiones, y ahí también me vine en llanto, él me consoló, es un hijo tan bello y noble, que me indujo a escribir lo que leerán a continuación que no es otro el motivo que mostrar la otra cara de Jesús, el Jesús que es en verdad, no el que nos han dicho durante siglos, sino el humano, el mensajero de una verdad que nos hará libres, sin ataduras a dogmas, a obligaciones bajo amenaza de castigos, he descubierto un Jesús hermoso, lleno de mensajes ocultos, que tan diferente hubiera sido la humanidad sino hubiesen alterado su mensaje, si esas autoridades políticas y religiosas de aquellos tiempos, hubieran hecho lo correcto y no cambiarlo todo para su beneficio personal e institucional..

Cuánta razón tuvo aquel filosofo del siglo 17, Baruch Spinosa, a quien lo tildaron de hereje, sacrílego, expulsado de su iglesia, quemando sus libros, los prohibieron, sin efecto alguno porque sus verdades a pesar de estar ocultas por más de trecientos años han salido a la luz, así como importantes documentos como los evangelios de María Magdalena, Tomás y Felipe, que fueron quemados, destruidos, quedando algunos pedazos de esos escritos, pero suficientes para entender su mensajes que aquí estarán con la idea de lograr junto a tanta literatura que hemos conseguido y mucha de ellas ya circula desde hace un tiempo, liberar nuestra mente, nuestro espíritu y conseguir la verdad que nos legó Jesús de Nazareth.

Buscando esa otra cara de Jesús, comenzaremos poco a poco, esperando cubrir toda su verdad, su vida, con referencias, con testimonios, con opiniones, con documentos, porque ya es tiempo de ese despertar, el motivo verdadero de la vida de Jesús en la tierra.

Yo estoy en estos momentos en ese despertar, y estoy descubriendo el control, la manipulación y el engaño de una iglesia que sabe la verdad, que lo supo siempre y aún dominan manipulando con el miedo y el supuesto castigo de un infierno en llama y un juicio final que nos convirtió en un tribunal mental.

(Señor dame sabiduría, para discernir la verdad)

TODO HA SIDO MENTIRA

En la búsqueda de una verdad que me hiciera sentir en lo más profundo de mí, esa fe perdida en mi adolescencia, conseguí los últimos momentos del Papa Francisco antes de morir, allí en la soledad que te prepara para partir hacia donde no sabemos con certeza y sobre mucho se especula, allí estaba él, Francisco el Papa con unas palabras que me hicieron esperar un poco antes de borrarlo porque de mensajes vacíos estaba harta, y entonces al escucharlo decir "TODO HA SIDO MENTIRA", me frené, preste toda mi atención reflexionando, ¿será que este Papa si reconocerá que han sido siglos manipulando a la humanidad, sometiéndola utilizando el miedo con las llamas del infierno que nos decían las monjas del colegio, esa mentira eterna y otras tantas de la iglesia, a eso refería él en su minutos finales?

Grabé, encendí mi grabadora como en aquellos días de periodista y lo que escuchaba me erizaba la piel, cada una de sus palabras respondía mi inquietud, sí, el papa Francisco en sus últimos momentos frente a su edecán, reconoció lo que tanto se decía de Jesús que no vino a nosotros para adorarlo, ni para construir grandes y lujosos templos, para encerrarse sus "representantes" en palacios y manipular sus enseñanzas. No Jesús no vino a eso y Francisco, ese Papa que no a todos le caía bien, lo entendió, tarde, pero lo entendió y lo dejó como testimonio de sus últimos minutos como máxima autoridad del cristianismo, y aquí lo transcribo para que se divulgue. No sabré cuando, pero lo escrito, escrito está y ahí permanecerá hasta que lo consigan y con ello conocer esa gran revelación del Papa Francisco a quien muchos de sus cardenales se opondrán, pero ya está en nuestras manos y en muchas otras que habrán tenido la oportunidad como yo de haberlo escuchado y reservado:

"Todo ha sido mentiras, Señor muéstrame lo que aun no comprendo, y entonces una luz envolvió el lugar, era una presencia viva, el Papa vio a Jesús como un hombre herido, sangrante, completamente destrozado, pero con una ternura en sus ojos que le atravesaba todo como un rayo. "No vine para que me comprendan, vine para que me acompañen" sintió que le decía Jesús, Francisco lloró. Allí frente a su edecán, lloró,

Su papel no era defender una religión estructurada sino reflejar un corazón roto, herido, que a pesar de todo aún continúa amando sin medida, ni condición.

Jesús aún sufre, Jesús no está muerto en el pasado, vive en cada sufrimiento, en cada madre que pierde un hijo, en cada joven que no sabe su propósito en la vida, en cada uno que clama a Dios en el silencio y no recibe repuesta inmediata.

Francisco no buscaba cambiar doctrinas de la iglesia, no era revolucionario, buscaba devolvernos al Jesús humano que nos mira, que se queda a tu lado cuando todo parece perdido.

Jesús no cabe en un sermón estructurado sino en corazones dispuestos a escuchar.

Francisco había vivido para defender a una iglesia, pero ahora debía servir al Jesús vivo que habita en el llanto de los olvidados, ordenó escribir una carta privada, no una homilía.

Encíclica: una confesión personal, abrirla solo al morir. Jesús no vino para ser adorado con temor, vino para que lo sigamos con amor verdadero y comprometido.

Hemos olvidado su dolor, hemos vestido de oro reluciente su cruz. La fe no se convierte en un ritual vacío, sino en un amor viviente, palpitante. Los dos cardenales que estaban con él y su edecán vieron sus palabras peligrosas, subversivas, están debilitando la imagen poderosa del mesías, les recalcó.

Francisco sabía lo que vio y sintió. Realizó una misa privada, ¿qué pasaría si Jesús regresara y no lo reconociéramos porque seguimos esperando el rey glorioso que brille en majestad, pero no al hermano doliente que camina en nuestra sombra?

Francisco no hablaba desde lo alto sino desde la herida abierta sembrando una semilla que germinará luego.

Soñó con el Gólgota, conocí la crucifixión fría en estos días con la indiferencia moderna en la ciudad rodeada de ruidos. No me olvidaron por ignorancia, me reemplazaron por entretenimiento.

Francisco dejó una oración secreta con el Jesús de sus visiones silenciosas.

"Señor si hoy volvieses en carne y hueso, ¿serás reconocido o crucificado de nuevo?

Ultima voluntad: No me recuerden como el Papa, recuerden al hombre que me habló entre lágrimas porque Jesús está mucho más cerca de lo que creemos que nos atrevemos a imaginar en medio del ruido cotidiano, no habla de truenos y rayos, sino en susurros antes que el ruido del mundo los haga sordos para siempre.

El Despertar del Alma, no adoren mi imagen, acompañen mi cruz. El cristianismo real, el auténtico, no es una religión de estatuas frías, ni de ritos repetidos sin alma, ni conciencia, sino de corazones vivos. Jesús no está lejos, nunca ha dejado de caminar junto a nosotros".

¿Por qué la reacción tardía del Papa Francisco? ¿Porque en sus últimos minutos? ¿Por qué se vio frente a Jesús con cargo de conciencia?, eso no lo sabemos, pero otra fuera el catolicismo o cristianismo, si ellos los que se han erigido como los representantes de El en la tierra para dominarnos, someternos y manipularnos con el miedo, que ha sido su arma poderosa y efectiva, saben que no han cumplido nunca con la voluntad de Jesús, que han tergiversado toda su historia para mantener el control de la humanidad que a través de los años se rebela y poco a poco los van dejado solos a ellos, no a Jesús, a quien siempre lo tienen presente pero a su modo, a su creencia y no a la voluntad de una iglesia cada vez más desnuda en sus propios intereses.

¿Por qué todo es mentira?

Así lo reconoció Francisco, el Papa que estamos seguros, le silenciaran esos momentos de claridad y a la vez de arrepentimiento porque como todos ellos, sabía que desde un inicio han utilizado la imagen de Jesús a sus propósitos y conveniencias.

Comencemos analizando la Biblia, ¿fue escrita por Dios? Esa repuesta y mucho más nos va aclarando la realidad de una religión basada en el miedo como arma de sometimiento, esa repuesta la conseguimos en las escrituras analizadas por el filósofo del siglo 17, Baruch Spinosa, quien la analiza en todo sus detalles y sus conclusiones publicadas, le valió ser declarado hereje, expulsado de su religión, quemado sus libros y execrado de la sociedad a la cual pertenecía la de los grandes ilustres de la época.

Comencemos:

"No hay razón para creer que la Biblia fue dictada por un ser perfecto, eso es absurdo, lo que si se puede decir es que es un texto interesante para conocer la historia del pueblo judío: su organización, sus valores, su lucha por sobrevivencia, pero eso es todo, no tiene poderes mágicos, no tiene autoridad eterna, no hay misterio, es un documento histórico complejo sí, pero terrenal, pero es clave porque muestra el método que usa Spinosa, él no hace teología, no busca inspiración, busca patrones, no quiere interpretar símbolos ocultos, quiere entender, quién escribió, cuándo y por qué. es un enfoque casi periodístico, detectivesco, que lo vuelve tan subversivo, porque en lugar de hacerle reverencia al texto, lo estudia como una ley, un contrato, un expediente político y al hacerlo lo desarma, el impacto de este análisis es enorme porque si la Biblia es obra que respondía a intereses políticos concretos, entonces no puede ser usada como autoridad absoluta no se puede imponer como si fuera la palabra final de nada, no tiene sentido seguir apelando a un texto así para definir cómo deben vivir las personas hoy, sería como usar una constitución antigua escrita en tiempos de guerra para gobernar un mundo completamente distinto.

El argumento de Spinosa entonces no es solo histórico, sino profundamente político y tiene consecuencias directas como entendemos la autoridad, la ley, la moral, lo más irónico es que Spinosa no busca destruir la Biblia, él la quiere liberar del mito, quiere que podamos leerla sin miedo, sin idolatría, sin mentiras como realmente es, un monumento literario, es histórico, no un dictado divino y eso no lo hace menos interesante, al contrario la hace más humana, más rica, más real porque ahora podemos ver a los autores, a los editores, a quienes reescribieron la historia a nombre de Dios porque eso es lo que ha dado vida a la Biblia durante siglos, un dispositivo de poder. Spinosa abre una puerta que no puede volver a cerrar, nos obliga a leer el texto más leído, con otros ojos.

Al preguntarnos, no que dijo, sino quien lo dijo y porque al hacerlo sagrado, se convierte en político, lo eterno se vuelve histórico, lo divino se revela como humano y eso, aunque incomodo, es libertad de leer, de pensar, de cuestionar y sobre todo en libertad de no creer en mitos que solo existen para mantenernos en la fe.

Spinosa desenmascara la industria del miedo religioso, ya lo había dejado claro que la Biblia no era palabra divina cuyos autores eran hombres con intereses humanos, su estructura es política, no celestial.

Spinosa va más allá de lo que pocos se atreven a tocar: al miedo, que ha sostenido a la religión por siglos, que paraliza, que somete, que convierte a las personas en obedientes por reflejo.

Spinosa con una frialdad quirúrgica como el temor ha sido la herramienta del poder religioso para garantizar el control que es rentable porque detrás de la espiritualidad se mueve una maquinaria económica, social y política que funciona como un negocio basado en el terror. Demuestra que la Biblia está plagada de amenazas, no de advertencias sabias, o consejos compasivos, sino de castigos brutales: muerte, destrucción, enfermedades, genocidios, no obedecer es sufrir y no hay escalas, no importa si es duda, queja o simple infracción. Todo puede desatar la ira divina. ¿Qué clase de ser perfecto necesita un nivel de violencia para imponer respeto? Eso no es divinidad, es puro dominio político por medio del terror. Es lo mismo que haría un tirano. La Biblia se cubre con el manto de la eternidad.

Este filosofo del siglo 17, ve un patrón cada vez que hay una nueva enseñanza o dogma vienen con más amenazas, castigos concretos con un ¡Dios te castigará! Serán expulsados, apedreados.

La Biblia está diseñada para evadir el pensamiento crítico porque no se discute con una amenaza de muerte, no se razona con un castigo eterno, se obedece y punto.

La religión no se sostiene con amor, sino con miedo en un sistema de castigo camuflado de virtud.

Ese miedo sistemático crea dependencia, la persona aterrada por la condena busca salvación y solo te salva la misma institución que te siembra el terror y te vende la cura.

Te enferman, luego te dan la medicina y por pánico lo aceptan sin cuestionar así se constituye una autoridad que no justifica nada porque domina desde la conciencia, tus emociones a lo largo de los siglos lo han perfeccionado, saben cómo hablar del infierno, de la ira de Dios, el castigo, provocan terror sin usar la escritura. Un pueblo que teme, no se revela, no se atreve a pensar por sí misma.

Ese miedo te encarcela, lo peor, la pasan a los hijos, las escuelas la refuerzan, la iglesia lo predica, está en los cuentos en las canciones, en refranes. Según Spinosa, eso no es fe, es domesticación emocional.

Desde niños te dicen que pensar diferente es peligroso, que alejarse de la doctrina es traicionar a Dios, usar la razón es soberbia, todo eso es falso, pero cuando el miedo está dentro no necesita cadenas, el prisionero cuida su celda, no hay ninguna razón para creer que la Biblia fue dictada por un ser perfecto, solo es un texto histórico válido para la cultura judía."

Analizando fríamente ese análisis del filósofo Baruch Spinosa, podemos concluir, que así ha sido también en nuestra cultura, donde desde niño te exigen "comportarte bien" porque "Dios te castigará" si no haces caso, si desobedeces a los mayores.

Te lo dicen en los colegios, en la iglesia, en las misas, entre amigos, si no te portas bien, Dios te castigará, irás al infierno.

Entonces el cristianismo se fundamenta en el miedo, el terror, en el sometimiento, en la manipulación, como cualquier organización política, bien en democracia o en dictadura, uno más que el otro, pero igual utilizan el miedo como arma de sometimiento, pasivo, camuflado, pero efectivo.

¿Así fueron las enseñanzas de Jesús? Creemos que no, todo lo contrario, nos habló de libertad, de igualdad, de buscar dentro de nosotros mismos, que somos la chispa divina.

Sigamos adelante, comencemos con nuestro personaje principal:

De habernos contado la historia de Jesús tal como fue, todo hubiese sido tan sencillo, tan fácil de entender, tan comprensible, si su imagen no la hubieran utilizado como ha sido a lo largo del tiempo para confundir, complicar y muchos hasta renegar de él de alguna manera terminando en una legión de religiones, sectas, organizaciones y demás cuando ha debido ser para unir a la humanidad, entender en toda su amplitud sus palabras e intenciones y su figura un ejemplo a seguir.

Pero no, así no fue, tergiversaron gran parte de su vida, experiencia, palabras, enseñanzas y comportamiento, generando la confusión que hoy se tiene sobre su figura. Textos de toda naturaleza, opiniones incontables cada quién explicando, analizando y concluyendo desde su perspectiva al punto que, para estudiarlo, para saber de él, por ejemplo, en nuestro caso, tenemos ante nosotros una inmensa variedad de textos, escrituras y audios haciendo difícil resumir algo que debería ser sencillo.

Nos referimos a Jesús de Nazareth, es su vida, enseñanzas y ejemplo del personaje más importante del mundo, que debe estar al alcance de todos de manera fácil y clara.

¿Por qué no es así?, sencillamente porque la ambición, el poder y el sometimiento de los pueblos privó entre quienes desde tiempos inmemorables han querido y logrado, manejar los hilos del comportamiento de la humanidad, lógicamente para beneficio de ellos, hecho que lo calificamos como imperdonable, e insólito, al tratarse de la religión, de las creencias espirituales, que están o deberían estar por sobre lo material y al no ser así, la humanidad ha permanecido a través de su existencia, manejada, utilizada, confundida y renegada a ellos, a esos poderosos en lo político, económico y religioso y así lo hemos ratificado en este compromiso que adquirimos al querer mostrar a un Jesús más humano, más cercano a la humanidad, un Jesús que vino al despertar del alma y la conciencia de todos, no para que se aprovecharan de él y sus mensajes alterando todo a beneficio de sectores que en el caso del poder religioso lo consideramos asqueroso, imperdonable y bastaría poder llegar a los secretos que guarda el Vaticano para que todo quede desenmascarado y los culpables expuestos al desprecio de quienes por más de 2 mil años, hemos sido sus víctimas, y que aún siguen utilizando a Jesús de esa manera monstruosa.

Recordamos aquellos días de juventud y luego en los años primeros como adulta, se alegraban en mi casa porque se estaría realizando el Concilio del Vaticano, que casualmente ése ha sido el último, donde todos los Cardenales y demás autoridades de la Iglesia Católica, comenzando con el Papa, deliberarían para bien de todos sobre los cambios tanto en lo referente al dogma, como al comportamiento de los feligreses y de ellos mismos como su autoridad. Eran días esperando el resumen de lo acordado, en mi casa, para mi madre eso era un gran evento, lleno de emoción.

Que inocencia, que sumisión la de los católicos del mundo, hoy en este despertar entendemos que en esos importantes concilios era donde discutían la manera de seguir sometiendo, manipulando a los feligreses, trataremos de aclarar muchas de esas dudas.

CONCILIO DE NICEA

El llamado Concilio de Nicea en la hoy Turquía, realizado en el año 325 dC bajo el dominio del emperador Flavio Valerio Constantino, fue el primero y donde se inició el cambio radical que hicieron de la imagen de Jesús.

Allí tratarían sobre la divinidad de Jesús, puesta en duda por el obispo Alejandrino Arrio quien sostenía la tesis que negaba la divinidad de Jesús al afirmar la inferioridad ontológica de la naturaleza del Cristo.

El concilio rechazando el arrianismo declararon por fe, la divinidad de Jesús porque es de la misma sustancia del Padre.

Ellos, decidieron tan impresionante hecho, ¿con qué autoridad?, ¿Quién les dio la potestad para ello? ¿se colocaron por sobre Jesús para decidir por él? Sencillamente así a lo bravo, dijeron es Hijo de Dios y punto.

De igual manera elaboraron la doctrina de la Trinidad, es decir el Padre, el Hijo y el Espíritu Santo, sin entender realmente la decisión porque en esos momentos la figura del Espíritu Santo no era lo más normal y conocido. Su imagen como tal surgió allí por decisión de los obispos que conformaron el Concilio.

Para terminar de unir al imperio, la ambición del emperador Constantino, elaboraron un credo y escogieron la fecha para celebrar la Pascua.

Para completar la manipulación y decisiones favorables al imperio romano y a la religión del momento redactaron los evangelios de Mateo, Marcos, Lucas y Juan. Redactaron, es decir los fabricaron, hecho que ha sido corroborado a través de los años por investigadores, en su mayoría científicos, teólogos y filósofos.

Todo fue fabricado a su imagen, intereses y poder, tanto de Constantino, como de la jerarquía de la iglesia conformaba por ciudadanos del común, sin preparación, ni conocimiento espirituales o místicos, sencillamente eran hombres con recursos, bien conectados con Constantino y eso era suficiente.

Así conformaron toda la base y estructura de una religión que llamaron a sus seguidores como católicos, cristianos.

Cabe señalar que de los 300 obispos que conformaron el concilio, solo dos no firmaron, arriesgándose a sanciones del imperio, es decir al éxodo, la expulsión, según la decisión del emperador.

Ese fue el primero de los concilios, pero todos los siguientes han sido con el mismo fin y así se comprobará el día cuando los propios feligreses tengan acceso a los documentos secretos guardados en el Vaticano muy bien custodiados y asegurados, pero algún día será y las relevaciones, las verdades y las mentiras, saldrán a la luz y allí se iniciará el despertar, tomando vigencia las palabras del Papa Francisco en sus últimos minutos: "Todo ha sido mentiras".

Hasta los momentos se han realizado 21 concilios, siendo el último en 1962-1965 realizado en el propio Vaticano.

Lo más relevante que se discute en esos concilios, es el dogma, es decir la única verdad que se considera indiscutible y fundamental, una vez aceptada en este caso, por los cardenales y demás autoridades del catolicismo no hay excusa, no hay discusión, se acata y punto.

Desde entonces, han sido los jerarcas del cristianismo quienes nos han impuesto todas la reglas y normas a seguir. Veamos la interesante información que publica Elmer Romero en su trabajo de investigación sobre todo aquello que tenemos que cumplir fielmente y cuando nos lo impusieron en la llamada "Nueva Iglesia":

En el 327 se recopilaron los llamados Libros Sagrado, Biblia. Por decisión del emperador, Jerónimo la traduce al latín de La Vulgata donde se alteran nombres hebreos y se adaptaron para favorecer a la Nueva Iglesia.

Luego en el año 431 se instituye el culto a la Virgen.

En el 594 instituyen El Purgatorio, en el 610 deciden que el Papa es infalible, es decir nunca se equivoca, ni se puede equivocar al hablar fuera de la iglesia.

En el año 788 deciden que se adoren a las imágenes, costumbre pagana hasta entonces. En el 995 se incluye la palabra Santo en el léxico cristiano. En el 1079 deciden que el celibato es obligatorio, prohibido a los sacerdotes tener familia. En el 1090 introducen el rosario como rezo a la Virgen. En el 1.184 aprueban la Inquisición matando a todos aquellos que no practiquen el cristianismo.

Luego en el 1.190 crean las Indulgencias, vendiendo la salvación y el perdón de los pecados, dependiendo cual fuere, tenía un precio. En el 1.215 imponen la confesión a sacerdotes. En el 1.216 con el Papa Inocencio III deciden que el pan de la eucaristía es el cuerpo divino. En 1.311 crean la obligación del bautismo. En 1.439 dogmatizan el purgatorio. En el 1.854 dogmatizan la inmaculada concepción. En el 1.870 el Papa es infalible.

Larga lista de imposiciones, obligaciones y decisiones unilaterales, toda una religión a fuerza de castigos, penas, quemarse en hogueras, ser asesinados en guerras como Las Cruzadas y demás guerras sagradas.

Escribiendo todos estos datos, informaciones y conclusiones de filósofos, investigadores y teólogos, no salimos del horror como esas personas del pasado y aun en este presente, manejan el cristianismo, la supuesta religión creada por Jesús. Qué horror, que tristeza sentimos que hayan existido y existan seres que en nombre de un "dios" hayan destrozado por siglos y siglos aquellas enseñanzas de un Jesús que se resumen en: "Amaos los unos a los otros". "Perdonar al enemigo". "Dios está dentro de ti" y muchísimos hermosos mensajes de amor, igualdad, conexión con el creador.

Continuemos con la historia dejando para el final, nuestro propio análisis, conclusiones y reflexiones.

INFANCIA OCULTA

Son tantos los vacíos, la no información sobre el hombre que dividió al mundo en dos partes, que, a todos, incluyéndonos, no nos ha sido fácil cumplir con un trabajo completo en toda la extensión de la palabra en relación a ese hombre, a Jesús de Nazareth, de su niñez casi nada hay escrito, muy poco, de su juventud mucho menos, esa edad está incluida en los 18 años desaparecidos en la Biblia y otros textos, teniendo que recurrir a teorías, opiniones unas veces aisladas, escritos especializados en su persona y en fin a varias escrituras para conocer de él, saber de esos años desde los 12 a los 30, que son fundamentales para conocer la realidad de una vida tan importante como la del Cristo, la del Nazareno, El Mesías, el Galileo, o el Maestro, los tantos nombres atribuidos a él, porque mucho se ha dicho y consta en libros, pergaminos, cartas, la Biblia, Catecismos, y otros sobre la llamada "vida pública de Jesús".

Para entender completamente su figura, su pensamiento, su misión, sus enseñanzas, se tiene que comenzar como en cualquier biografía, por su nacimiento, su niñez, su juventud y su realización como adulto.

Pues no, hasta en estos detalles trabajaron aquellas autoridades del Concilio de Nicea, y sus contemporáneos para dejar solo los testimonios según los intereses del poder religioso y político del momento en esa era inicial del cristianismo.

Poca literatura sobre la niñez de quien sería y lo fue, el hombre más importante del mundo, sin haber sido millonario, ni poseedor de inventos, ni político líder, nada de eso Jesús como niño, ¿fue especial? ¿hacia él algunos estudios diferentes al resto de niños?

Lógicamente que Jesús niño tenía que ser muy diferente a los demás chicos de esa época con tan poca educación, avance social y comportamiento, sumado al destino que ya tenía marcado.

En la poca literatura que conseguimos y por cierto, nos recordó una película que vimos hace algunos años, se señala que desde muy chico ya hacía figuras de pájaros que luego les daba vida ante la mirada insólita del resto de niños, sus amigos, que comentaban con sus padres y estos a su vez entre ellos y todas las miradas y   atención estaba siempre sobre ese niño hijo del carpintero.

Era muy inteligente, discutía con los adultos y hasta con los eruditos de la iglesia de tal manera que asombraba a todos y los rumores no cesaban hasta el punto de ocultar lo poco que sobre él se escribió, sobre todo el apóstol Tomás. manuscritos que hablaban de sus milagros y por lógica asustaban a todos, a niños y mayores.

Según la escritura su primer milagro fue a los 5 años cuando le dio vida a un pájaro que cayó del nido, esa acción aterró a sus amigos quienes sembraron en sus familias el miedo y la lógica distancia con la familia del carpintero.

Se dice que el Jesús niño, se sentía incomodo por ser tan diferente al resto de niños y por ratos se notaba triste, se alejaba porque era considerado como un niño peligroso y eso en todo el sentido de la palabra, porque los fariseos y sacerdote lo miraban con recelo y seguían de cerca sus "travesuras".

Así sin grandes eventos, según lo poco que se ha publicado sobre esos primeros años del hombre, del antes y el después de él: Jesús de Nazareth, llegó a sus 12 años cuando desaparece hasta 18 años después y es esa la otra parte de la historia de este galileo que sigue presente en nosotros, de una u otra manera.

¿18 AÑOS PERDIDO?

Eso de los 18 años perdidos en la vida de Jesús, es lo más extraño e insólito al no tener una explicación, una narrativa, una historia   en la Biblia el libro más importante para el cristianismo y otras creencias parecidas, como tampoco en otros textos que expliquen al mundo esa "vida perdida" del Nazareno, el Galileo o sencillamente de Jesús.

En verdad es inconcebible por ejemplo para quien aquí escribe, que estudió 11 años en un colegio católico, dirigido por monjas, y toda la vida en un hogar estrictamente cristiano, y nada se nos dijo, nada nos respondieron sobre esa ausencia del Cristo que vendría a redimir al mundo.

En nuestro hogar, al no tener una repuesta para ello, tampoco una explicación de parte de los sacerdotes de las diferentes iglesias a donde acudíamos para la misa, bautizos, bodas y demás actos religiosos, en tantos años, no logramos una explicación lógica, sencillamente debíamos ignorar esos 18 años y seguir guardando silencio, hasta estos momentos cuando trataremos de buscar la verdad contando con el apoyo de la tecnología y de algunos otros preocupados por esa ausencia de información y han expresado su opinión sin ser estrictamente la verdad.

Ningún sacerdote, incluyendo nuestro "padrino" y tío, hermano de nuestra madre, nos tomó en serio al hacer esas "raras preguntas" como nos decían con una sonrisa algo así considerando una broma aquella inquietud nuestra desde temprana edad. Ni él, siendo nuestro tío, padrino y párroco en diferentes pueblos a dónde lo asignaban tuvo una repuesta para ello porque de haberla tenido, algo nos hubiera explicado.

Ahora a nuestra edad y sin las responsabilidades de ese largo ayer, por nuestra propia inquietud queremos conocer a la otra cara de Jesús, nunca nos dijeron la verdad, sobre su vida, su misión, sus enseñanzas sencillamente nos repetían lo mismo por años al punto que dejamos de preguntar, de inquietarnos por ello, hasta el momento del despertar y ahora estamos buscando por aquí, por allá y al final espero nos lleve a conocer un poco más la verdad de un Jesús ¿qué es el hijo de Dios? Y a partir de allí hemos acumulado tantas opiniones e informaciones, no solo sobre esa pregunta, sino sobre toda su vida, sus enseñanzas, mensajes que lo coloca como el hombre más importante del mundo, pero, sobre todo, ¿este cristianismo es realmente lo que él dejó a la humanidad?

Cuando Jesús cumplió los 12 años, aún adolescente, desaparece de los textos, de su historia, reapareciendo a los 30 para bautizarse y comenzar el cumplimiento de su misión.

¿Sí? ¿Tan joven desapareció? Algo difícil de creer, de aceptar. En algunas escrituras se señala que su familia se muda para la ciudad a Capernaum expulsado de la Sinagoga en Nazareth siendo amenazado de matarlo lanzándolo por un precipicio por contradecir a los sacerdotes del templo, fue abandonado por sus amigos, y se señala que hasta su familia se avergonzó de él por sus predicas, sus creencias que no coincidían con la de los sacerdotes de entonces y al no poder explicarle a ese chico de 12 años sus preguntas y aclararle sus dudas, lo vieron como un peligro para ellos y sus privilegios en la entonces Nazareth.

Allí en Capernaum, cerca de su tierra natal, él comienza sus conversaciones extrañas a tan corta edad, a curar niños, señalan, que este fue su periodo oscuro, donde se tenía que estar reinventando y es entonces cuando comienza a buscar quienes lo pudieran orientar, con poco éxito.

A pesar de ser en Capernaum donde comenzó su inquietud por un mayor conocimiento, no se aclara cuántos años tenía, ni cuanto tiempo estuvo allí, que según algunas escrituras formaron parte importante en su aprendizaje para comenzar la misión que debía cumplir.

Después de eso, nada se dice de Jesús ni en la Biblia, ni en ningún testimonio de quienes pudieron dar fe de su vida y la de su familia, solo se vuelve a mencionar cuando regresa a Galilea y es bautizado por Juan Bautista teniendo 30 años.

Nuestras dudas, fueron aumentando, con poca información oficial, como hemos señalado, las mismas autoridades eclesiásticas han guardado silencio sobre inquietudes que molestan al ser consultadas, teniendo entonces como fuentes tanto informativas, como referentes, a la tecnología, sirviéndonos de apoyo porque aun siendo no oficiales sus opiniones y datos históricos, tuvimos en ellos un apoyo, una referencia que nos ha permitido analizar, reflexionar y tener nuestra opinión, mucho más que en los tantos años que tuvimos para entender al cristianismo que practicó toda su vida nuestra madre, quien con una fe ciega, aceptaba todo tal cual le señalaban en sus reuniones religiosas durante su vida activa hasta caer en cama. Ella, nuestra madre fue la prueba viviente de aceptar todo con una obediencia a ciegas increíble, porque de lo contrario se iría al infierno al desobedecer a la iglesia, al faltarle a los mandamientos.

Por esa falta de repuestas lógicas ante tanta sumisión y credibilidad sostenida, nosotros sus hijos, a pesar de respetarle esa fe en la iglesia y en todo lo que ella creía, no la seguimos, no practicamos ni el catolicismo, ni el cristianismo con su misma intensidad y constancia, tampoco fuimos herejes como nos diría la cúpula de una organización religiosa, simplemente llevamos la vida con honradez, con dignidad y con la educación heredada de ellos nuestros padres, ejemplo de amor y fidelidad.

Es por ello, que en estos años nos hemos dedicado a buscar por nuestra iniciativa esas respuestas a nuestras dudas e inquietudes que nos están mostrando esa otra cara de Jesús, que no es la misma que escuchamos de las monjas del colegio, de nuestra madre y de nuestro tío sacerdote.

Jesús, fue un hombre maravilloso, cien por ciento árabe, nada de pelo rubio, ojos azules y hermoso rostro, sencillamente fue un hombre como todos los de su época con una fisonomía judía, de pelo castaño oscuro, ojos marrones y contextura fuerte como la mayoría de los árabes de esos tiempos.

Cuando decimos maravilloso es por su humildad, transparencia en sus actos, sin discriminación alguna, siendo el mismo trato para hombres y mujeres, niños y jóvenes, en igualdad de condiciones sin discriminación alguna de raza y color de piel blanca, negra, indios, ricos, pobres, para él no hubo distinción en su manifestación de trato, agrado y educación.

El Jesús que inventó la jerarquía religiosa, era muy diferente a ese, como realmente fue y en eso coincidimos con J,J Benitez, periodista, investigador y escritor que ha pasado muchos años analizando todo lo relacionado a Jesús de Nazareth.

Jesús era judío, vivió como judío, respetó las leyes judías y nunca pensó reemplazar el judaísmo y crear una nueva fe. Sencillamente fue un ciudadano más que estudió La Torá, predicaba en parábolas por las calles y también en la Sinagoga.

O sea. Jesús siempre fue judío, no creó, ni fundó, ni inició el cristianismo, religión que llegó mucho tiempo después tomando su figura, sus enseñanzas, su vida y su muerte en una cruz, como base y símbolo y lo transformaron en el líder que necesitaban cuando siendo Constantino el emperador de Roma decretó la religión cristiana como la religión de todo su imperio que constituía casi toda Europa y parte de Asia,

Así nació el cristianismo, no por Jesús, sino por decisión del emperador de entonces Constantino, de Pablo de Tarso de quien tomaron sus ideas, sin haber conocido a Jesús. Así nació la nueva religión, obligando a todos bajo su imperio aceptar al cristianismo como la religión oficial, so pena de ser condenado a muerte.

Fue en el primer concilio eclesiástico celebrado en Nicea, donde 90 cardenales y la representación de Constantino, allí reunidos, tomaron solamente la parte que necesitaban de los evangelios, las enseñanzas de Jesús y de los apóstoles y religiosos para los dogmas que regirían y obedecerían los feligreses y toda la población.

Todo aquello que no les convenía a sus intereses para manipular y someter al pueblo, fueron no solo desechado, sino quemado, destruido, tan solo algunas partes y muy poco escritos que fueron escondidos se salvaron, muchos de ellos encontrados siglos más   adelante.

Entre esas opiniones nos encontramos con la página denominada "Iluminando la Mente" donde nos señala que, en ese lapso entre los 12 y 30 años de Jesús, hay un importante silencio, esa laguna despertó la curiosidad entre cristianos y no cristianos, señalando que Jesús crecía en gracia y estatura. ¿Pero qué hizo en esos 18 años? ¿Por qué ese vacío? ¿Que hizo, viajó, realizó milagros? De ser así ¿por qué no hay registros de todo eso? Sin una Biblia bien estructurada, las comunidades cristianas repartidas por varios lugares se comunicaban de forma oral, con el paso del tiempo surgieron evangelios, epístolas, atribuidos a distintos autores, la iglesia primitiva tuvo que evaluar los diferentes autores, verificar su autenticidad y si los documentos eran coherentes con la enseñanza apostólica, entre ellos los cuatro evangelios que sobresalieron Mateo, Juan, Lucas y Marcos fueron reconocidos como dignos de confianza sobre la vida de Jesús, son los llamados evangelios canónicos. Los otros de Felipe, Tomas y María Magdalena, desechados, eran demasiados peligrosos, se trataban del despertar del espíritu, reconociendo las palabras de su maestro.

Esos otros escritos, quedaron fuera del Nuevo Testamento fueron calificados como heréticos.

Hubo otros testimonios sobre la vida de niño de Jesús, como sus primeros milagros, pero muchos de ellos fueron calificados como leyenda.

Luego surgió la idea de un Jesús que viajó hacia otras tierras como la India, Egipto, el Tíbet con el budismo e hinduismo.

En el año 1994 en el Monasterio del Himalaya Nicolás Noto Vich publicó un libro "La vida desconocida de Jesús Cristo".

Encontró un manuscrito sobre un sabio que denominaban Ysa quien había venido del occidente para estudiar y al regresar lo hizo con nuevos conocimientos incorporados a sus propias enseñanzas. Sin embargo, no hubo pruebas, ni base fundamental, careciendo así del reconocimiento necesario.

Así mismo señala el o los autores de esta página, que Jesús formó parte de los Esenios, un grupo de religiosos que salieron de Nazareth para internarse en el desierto alejado de tanto pecado, falta de fe y corrupción. Se dedicaron a una vida de santidad retirados del pecado, buscaban regresar a sus orígenes, esperaban que dios nuevamente les hablara como lo hizo con Moisés. Querían prepararse para la llegada del Mesías. Fueron ellos los autores de los Manuscritos del Mar Muerto encontrados en 1947. Eran radicales, extraños para muchos, pero así fueron.

Jesús, nunca perteneció a ellos, a los Esenios, tal vez algunos autores lo confundieron con el profeta Juan Bautista quien tuvo un encuentro con ellos. Pero a los Esenios jamás solo por el hecho que ellos fueron mucho antes de la época de Jesús

Luego de su estadía en Capernaum, Jesús viajó más allá de Judea, sin pruebas fehacientes, en las diferentes investigaciones que realizamos, hablan de un viajero sabio, que recorrió culturas como la griega, la romana, visitó el Tíbet manteniendo largas conversaciones de intercambios de sabidurías con los budistas.

Igualmente, otros investigadores señalan que estuvo en la India, hay escritos que dan fe para ello señalando que llegó un hombre santo, que les hablaba de paz, amor, el perdón calculándole unos 20 años.

Otros investigadores señalan que estuvo en Egipto visitando la Biblioteca de Alejandría, la más grande e importante de esa parte del mundo. Trató con los filósofos del momento, asistía a obras de teatro, a escuchar poesías e intercambiar opiniones sobre la vida, la espiritualidad y otros puntos filosóficos.

Todos esos viajes los hizo con la finalidad de prepararse para regresar a Jerusalén e iniciar su vida pública a la edad de 30 años apareciendo en el río Jordán siendo bautizado por Juan Bautista.

Otra versión es lo señalado en la página: "El evangelio secreto de los Años perdidos de Jesús".

Señala que cuando Jesús a sus 12 años se perdió entre la multitud de quienes participaban en las festividades de Jerusalén y fue encontrado por sus padres en el templo discutiendo con los sacerdotes, ellos al manifestarle la preocupación al no conseguirlo, les respondió: "¿No sabíais que en los asuntos de mi padre me es necesario estar?"

Con una repuesta así y su inquietud, no es posible pensar que estaría esos 18 años solo trabajando en la carpintería de su padre como lo señalan en la biblia y los sacerdotes de entonces.

Jesús tenía que prepararse para cumplir su misión, así que utilizó a los mercaderes que viajaban constantemente para llegar a la India donde logró enseñanzas más allá de lo ya conocido.

Más adelante se señala que a finales del siglo 19 el aventurero Nicolás Noto Vic estando en el Tíbet al sufrir un accidente que lo mantuvo allí por algún tiempo, recibió de los monjes un antiguo manuscrito budista que detallaba la vida de un santo llamado Ysa, así le decían a Jesús. En un documento apócrifo, reconocido como como la Vida de Samisa, señala que en los templos Yugurmant y Berenese debatía con los sacerdotes Brahmanes a su aún corta edad.

Sus conocimientos fueron producto de un largo viaje, de un peregrinar espiritual y así de diferentes fuentes encontró la verdad.

Otro escrito señala que su tío abuelo José de Arimatea, comerciante muy rico se lo llevó en uno de sus viajes a

Britania, hoy Gran Bretaña, Inglaterra, estuvo en Glastonbury que se dice es el semillero del cristianismo".

En otras de nuestras investigaciones encontramos que, por múltiples pruebas aparecidas, Jesús estuvo también en Occidente, en América, específicamente en México y sobre esta teoría la desarrollan en 7 puntos.

1.- El parecido del ritual al dios azteca Quetzalcóatl con Jesús, comiendo su cuerpo y tomando su sangre.

2.- En 1998 en la Universidad de Oxford se tradujeron textos escritos en hebreo y Arameo: "Yo soy el que soy", "Bendito el que viene en nombre del señor". Textos escritos en las paredes de las pirámides de Teotihuacán ubicadas en la población de Texcoco.

3.- Historias orales, pasando de generación en generación que hablan de un hombre de piel blanca, pelo negro, con bata blanca que atravesó el mar.

4.- En 1.974 la UCAM (Universidad de México) dio fe que el manuscrito conseguido en 1.887 por un arqueólogo y paleográfico francés es legítimo y data del 85 al 65 aC. Allí dice: "vengo de la tierra donde nace el sol crucé el gran mar guiado por las estrellas".

5.- Las enseñanzas de Quetzalcóatl tiene muchas semejanzas con el cristianismo, Miguel León Postilla dejó escrito que, practicaban enseñanzas como: amaos los unos a los otros, trata a otros como te tratan a ti. Entre sus rituales comían un pan que llamaban su cuerpo, tomaban un líquido parecido a la eucaristía cristiana.

6.- Entre los símbolos recuperados y datan de la época de Jesús, se encontraron la figura de un hombre con los brazos extendidos, así como pinturas de un hombre con barba, la figura de un hombre sumergido en agua con rayos desde el cielo. Los pigmentos de esas pinturas no son de nuestro tiempo.

7.- Entre los documentos rescatados en Egipto se encontró la epístola de Tomás escrita en griego que señala lo siguiente:

"Y el maestro nos relata su viaje más allá del gran mar occidental donde encontró gente que adoraba al sol y construían casa en forma de montaña y allí estuvo por 7 años".

En 1992 la Universidad de Oxford confirmó que el papiro data del siglo 2.

El obispo mexicano Diego de Lauda ordenó la quema de todos los códices mayas de 1.562, según eran supersticiosos y falsedades.

Quienes conquistaron a México, que realmente no fue una conquista porque ya esas tierras eran pobladas por miles nativos, arrasaron con todo vestigios que encontraron y tenían relación con esas enseñanzas y cultura, y ellos reescribieron la historia señalando que fueron ellos quienes llevaron el cristianismo a esa parte del mundo, pero en realidad hay demasiadas pruebas que no fue así y para terminar con cualquier otra prueba, construían sus iglesias cristianas sobre las ruinas de sus templos dejando enterrada muchas historias de esa cultura azteca.

Así contando con esas informaciones, si no fue cierto que Jesús estuvo en tierras de América, en México, nos sembraron la duda, porque si ellos, los jerarcas del cristianismo nos han mentido tanto y manipulando nuestras vidas y creencias de tal manera, durante estos dos mil años y un poco más, es muy posible y creíble que Jesús esos 18 años le alcanzaron para recorrer una buena parte del mundo oriental y occidental y mucho más con sus facultades tan especiales que asombraron a un mundo nuevo colmado de mentiras, ignorancia y absurdos.

A pesar de otras teorías u opiniones sobre esos años de Jesús no registrados en la Biblia o en otros documentos confiables, cerramos esta parte con lo señalado por el mejor investigador de estos tiempos, el periodista J.J. Benitez quien señala que Yoshua el verdadero nombre de Jesús, vivió en Egipto, en el Cairo. Su hogar, la cripta donde estuvo con su madre aún existe, el propio Benitez lo visitó dando fe del lugar donde estaba ubicada su cama, debajo de una ventana que al pie aún está grabado su nombre. Joshua.

Aprendió los conocimientos esotéricos y espirituales enseñado por Tot el gran ser de la sabiduría, Yute, Hermes Trimegisto, Mercurio (romano), Kukulkán en meso américa

Jesús se convirtió, iniciándose en el misticismo egipcio a través de un proceso de selección extremadamente riguroso, aprendió las enseñanzas esotéricas y el conocimiento metafísico que lo mantenía oculto.

Agrega JJ Benitez que Jesús después viajó al Tíbet, aprendió el manejo de las energías, el Reike, técnicas avanzadas de sanación con las manos por monjes tibetanos que le instruyeron los secretos de la energía, la meditación profunda, control de la mente sobre la materia.

Cumplida su etapa de aprendizaje, partió hacia la India donde aprendió artes místicos, el poder de la manifestación.

Por otro lado, cómo es posible que esos 18 años, que según, fueron en realidad 20, porque Jesús regresa a su tierra a los 32 años, (no a los 30) estén ausentes en escritos, testimonios y demás como la Biblia considerada el ABC del mundo religioso, dejando a la imaginación para que cualquiera crea, piense y diga lo que le parezca, siendo la manera más fácil para evadir una realidad importante en la vida de Jesús, el hombre también considerado el hijo de Dios.

Podríamos asegurar que el día cuando se tenga acceso libre a los famosos secretos del Vaticano, a esos sótanos y catatumbas donde señalan hay hasta ritos oscuros, se conocerá dónde pasó Jesús esos años entre los 12 y los 30 o 32 años. El Vaticano y sus secretos, allí la clave de toda duda y desinformación.

"Conoceréis la verdad y la verdad os hará libre"

CENSURA ESPIRITUAL

Sumando al silencio de esos 18 años perdidos de Jesús, que no fueron tales y a través de los años se irá aclarando, nos encontramos con aquellos silencios, desapariciones de textos, ocultos otros tanto, que no han permitido conocer en toda su extensión no solo la vida de Jesús, sino todas sus palabras, enseñanzas y ejemplos, por lo tanto han sido las propias autoridades del cristianismo quienes se encargaron de acomodar la religión a sus caprichos que no eran otros que doblegar a los pueblos por ellos conducidos a través del sometimiento y la manipulación y el miedo, así tenemos presente las palabras finales del Papa Francisco en sus últimos momentos: "todo ha sido mentiras".

Trataremos de señalar algunas de las verdades ocultas, esperando que el Jesús de mis visiones, me de sabiduría para discernir la verdad, en nuestras limitaciones, con tanta censura y mi capacidad de asombro.

Comencemos por señalar que sobre Jesús hay una verdad única, pero, desde el inicio del cristianismo en los tiempos del emperador Constantino se utilizó de él y sus enseñanzas, lo escrito por los apóstoles de quienes se asegura eran analfabetos y demás cercanos, solo aquello que les convenía, que les servía a sus propósitos para someter a un imperio que abarcó a casi toda Europa y parte de Asia, solo a través del miedo, era la repuesta para todos aquellas autoridades eclesiástica reunidas en el Concilio de Nicea lugar donde en la práctica se inició el cristianismo.

Un miedo creado con aquello de un infierno donde se consumirían en las llamas quienes no obedezcan, no acaten sus preceptos, dogmas y lineamientos, haciendo de Jesús un ser castigador, un ser vengativo que quienes no fueran obediente pagarían las consecuencias. ¡Qué horror!

Así comenzó la censura espiritual y por eso hoy después de más de dos mil años, no hay una sola religión, un mismo dios, unos mismos mensajes que nos lleven al principio más importante de Jesús: "Amaos los unos a los otros", y todo se ha entendido como enfréntense unos contra los otros siendo la consecuencia de un mundo convulsionado envuelto en guerras desde las "justificadas" como las de conquistar la libertad de las naciones, como aquellas producto del odio contra sus propia gente entiéndase los nazis contra los judíos, los gobiernos de "derecha" contra los de "izquierda", en fin guerras civiles de pueblo contra pueblo, sin sentido, sin humanidad, y para colmo, con una variedad de creencias espirituales que van desde odiar a quien no esté con ellos, hasta asesinar a quienes no practican su misma religión, pertenezcan o no a su misma raíz, su misma raza.

Estos dos mil años de haber seguido las enseñanzas de quien vino para unir a todos con el mensaje del amor, el perdón, la paz, no terminaría en estos países del mismo planeta, en un mismo mundo, solo han servido para profundizar todo lo contrario, odiándose unos contra otros, mostrando la peor parte de la humanidad, y lo peor: todo eso va en aumento sin ver la luz de Jesús brillar en nosotros.

¿La culpa? Como nos dirían nuestros abuelos, se comenzó mal, no podíamos terminar en bien.

Aquellos encargados de estructurar la religión basándose en Jesús, en su liderazgo, su imagen y enseñanzas que las tergiversaron a su comodidad e intenciones, son los responsables de este mundo convulsionado de ahora que según muchos desaparecerá por su misma ausencia de espiritualidad, donde cada uno tiene su propia lucha perjudicando en muchos casos a otros sin remordimiento alguno, sin ninguna sensibilidad humana.

Pensemos y recordemos cómo a lo largo de la historia del mundo se han librado batallas sanguinarias sin necesidad, solo para la complacencia de unos pocos, y en esta parte cae lamentablemente el cristianismo que no ha sido ni un ápice de lo que deseaba Jesús.

 Recordando aquellas guerras como las Cruzadas donde asesinaban a todos aquellos que no aceptaban los preceptos, mandatos y dogmas de una cúpula religiosa.

Durante dos siglos se dedicaron a asesinar a todo aquel que no se arrodillara ante ellos acatando todo sobre un Jesús que fabricaron a su imagen, semejanza e intereses. Desde el año 1.095 al 1.270 se dedicaron a una matanza antihumana, anticristo, algo muy negro en las páginas de la historia, cifras que horrorizan y claman ante los ojos de un Jesús que nos dejó las enseñanzas más hermosas de paz, amor e igualdad.

 Fueron en total 8 cruzadas, con ciento de miles de personas que perdieron sus vidas por el solo hecho de no aceptar la religión impuesta por una cúpula religiosa y política que clamaban la palabra de Jesús con una intención muy diferente a como la predicó en sus 33 años de vida.

Tenemos luego la Inquisición que duró 300 años desde el 1478 al 1834 aprobada por el propio Papa Sixto IV, no teniéndose cifra exacta cuantos murieron inclusive en su propio infierno en las hogueras expuestas en las plazas sirviendo de ejemplo para quienes se opusieran a las órdenes del Papa y de la jerarquía eclesiástica solo para obligar a todos someterse frente al miedo de un infierno en vida y otro infierno después de la muerte.

¿Esa fue la enseñanza de Jesús: "amar los unos a los otros"?

Pero vamos un poco más allá, más cerca de nuestra era, la II Guerra Mundial de 1939 a 1945 desatada por un ser desquiciado como Hitler asesinando a cuanto judío existiera sobre Alemania y en los países dominados por él. Fueron millones de inocentes: Hombres, mujeres, jóvenes y niños, porque para él no hubo excepciones. Asesinando a judíos, la misma raza de Jesús.

¿Alguna justificación para tales y brutales guerras? Ninguna solo que el cristianismo comenzó mal, muy mal y por ende continúo mal y aún sigue mal, porque de aquellas enseñanzas de Jesús de Nazareth en aquel Concilio de Nicea las hicieron cenizas, tomaron algunas de ellas y otras tantas las acomodaron a las necesidades políticas y religiosas tomando control de los pueblos a través del sometimiento, la manipulación y el miedo a recibir nada más y nada menos, que el castigo de Dios, esa tontería nomás.

Vuelven a mi recuerdo, de las mismas monjas de aquel colegio cuando nos decían que Dios nos castigaría por no creer en lo que ellas nos decían, en nuestra corta edad, ya nos repetían y repetían, obedecer y callar, porque Dios nos estaba mirando y nos castigaría.

Gracias a Dios, vino mi despertar, un poco tarde, pero desperté y sin dejar de creer en Jesús de Nazareth como siempre lo he dicho, hoy siento el deber de escribir lo que escribo, como periodista y escritora, porque somos muchas personas que ya despertamos a las verdades que nos trajo Jesús, lo gritemos al mundo y dejemos atrás tanta sumisión, tanto sometimiento y el miedo al castigo del infierno y de Dios, donde nos han tenido inmiscuidos por el tiempo de vida que tenemos.

Jesús fue otra cosa, nada parecido a ese que ellos "fabricaron" en el Concilio de Nicea dónde lo mostraron como un ser que mientras nos enseñaba el amor entre unos y otros, ellos le agregaron que nos castigaría al desobedecer, al faltar a lo que escribieron sobre el pecado, la desobediencia, la duda, terminando consumidos en llamas en un infierno que tan solo personas como ellos lo podían concebir.

De tal manera que trataremos de mostrar esa otra cara de Jesús, muy, pero muy, diferente a esa que nos han mostrado y gracias a Dios, ya somos muchos en el mundo, que estamos en esta tarea de mostrárselas y también comprendan que hemos perdido mucho tiempo para entender a un Jesús hermoso, sublime, utilizado por muchos en perjuicio de la humanidad perdida en su propio laberinto.

No todo quedó allí en el Concilio de Nicea, tiempo después continuaron las manipulaciones de los mensajes de Jesús, los evangelios de los apóstoles y así unos fueron eliminados como el evangelio de María Magdalena, el de Tomás, Felipe y Judas   tildándolos de herejes, apócrifos, muchos de ellos quemados, pero otros fueron recuperados por los cristianos del momento los escondieron bajo tierra en jarrones y otros objetos que siglos después fueron recuperados.

¿EVANGELIOS APOCRIFOS?

¿Son en realidad esos evangelios de María Magdalena, Felipe, Tomás y Judas apócrifos, herejes, o reveladores sobre el verdadero mensaje de Jesús?

De haber sido de la complacencia de quienes buscaban apoderarse del cristianismo, de la imagen de Jesús para dominar a los pueblos mientras ellos crecían en poder y riqueza, jamás los hubieran ni desechados, ni quemados, sino que hubiesen sido los primeros aceptados y difundidos, pero no, así no fueron los hechos, en ese Concilio de Nicea y más adelante en otras reformas del dogma y estructura del cristianismo, utilizaron todo aquello que les favorecía agregándoles esas patrañas, falsedades, para dominar utilizando el miedo como arma de control. Aún lo hacen.

EL EVANGELIO DE MARIA MAGDALENA

A mediados del siglo 19, en el año de 1945, en Egipto, en las tierras de Nak Hamadi, unos campesinos o beduinos encontraron un hueco profundo en medio de aquel desierto, al proceder a desenterrar lo conseguido en su interior se encontraron jarrones de barro en cuyo interior había varios pergaminos muy bien conservados envueltos de tal manera que a pesar de haber permanecido allí por 3 siglos, estaban en perfectas condiciones.

Al ser analizados por los expertos, y luego de un largo trajinar por varios años y países en 1955 en Europa, fueron dados a conocer, dieron fe de su origen y de la importancia del contenido, uno de ellos fue el evangelio de María Magdalena, tan solo 4 páginas que lograron sobrevivir a la persecución de la recién formada iglesia católica siendo tildado de hereje por su contenido y antes de ser quemado en su totalidad los seguidores de Jesús y de ella como una de sus discípulas, los escondieron, enterraron en tierras de Egipto junto a otros escritos como el evangelio de Tomás.

Allí en la parte que lograron salvar, de esos otros pergaminos se leen mensajes que por su contenido fueron considerados apócrifos.

Esas cortas palabras que lograron salvarse de las manos destructivas de las verdaderas enseñanzas de Jesús, se lee así en el Evangelio de María Magdalena:

"Bienaventurada eres que no te has perturbado al verme pues allí donde está el intelecto, está el tesoro.

Yo le dije, Señor el que ve la visión, ¿la ve en alma o en espíritu? El Salvador le responde, y dijo: "no la ve ni el alma, ni el espíritu, sino que es el instinto que se halla en medio de ellos, el que ve la visión y él es, él es"

Todo proviene de una sola raíz, consideró la conciencia como algo fundamental, den todo lo que existe, den todo lo que consideren a la conciencia.

Más adelante señalan: Los demonios son parte de nosotros mismos, el más grande es la ignorancia que se vence con conocimiento.

La ignorancia es el tercer poder, este poder al interrogar al alma. Le dice, ¿A dónde vas? En la maldad estás atada.

Responde: "Estuve atada, aunque no he atado. He reconocido que el todo se está disolviendo, tanto las cosas terrenales, como las celestiales"

El mundo es una transición efímera, transitoria.

Le preguntaron al alma: ¿de dónde vienes asesina de hombres?

¿A dónde vas conquistadora del espacio? Y el alma respondió, lo que me ataba ha sido destruido, lo que me daba vuelta, ha sido vencido, mi deseo ha terminado y la ignorancia ha muerto.

A un mundo he sido precipitada desde un mundo y a una imagen, desde una imagen celestial.

La ligadura del olvido dura un instante, en adelante alcanzaré el reposo del tiempo (Kairós) del tiempo (Chroms) el reposo de la eternidad en el silencio."

Ego: conciencia de ti mismo, sino seríamos animales, no es destruirlo, sino trascenderlo.

María Magdalena: "es ilusión el mundo material, no es la fe la que salva, sino los principios".

Después de decir eso, a los apóstoles, se quedó en silencio, dado que el Salvador había hablado con ella, entonces Andrés habló y dijo a los hermanos: "Decir lo que os parece acerca de lo que ha dicho... Yo por mi parte no creo que el Salvador le haya dicho esas cosas, esas doctrinas son bien extrañas...

Pedro Respondió hablando de esos mismos temas y los interrogó acerca del Salvador: "ha hablado con una mujer sin que lo sepamos y no manifestado de modo ¿que debamos volvernos y escucharla? ¿Es que la ha preferido a nosotros?

Entonces María Magdalena se echó a llorar y dijo a Pedro: ¿"hermano mío qué piensas acaso que yo he reflexionado estas cosas por mí misma o que miento respecto a El Salvador?

Entonces Leví habló y le dijo a Pedro: "Pedro tú siempre fuiste impulsivo, ahora te veo ejercitándote con una mujer como si fuera un adversario, sin embargo ¿si el Salvador la hizo digna, quien eres tú para rechazarla?

Bien cierto es que el Salvador la conoce perfectamente, por eso la amó más que a nosotros.

Mas bien, avergoncémonos y revistámonos del hombre perfecto, partamos tal cual como nos ordenó y prediquemos el evangelio sin establecer otro concepto, ni otra ley, fuera de lo que dejó el Salvador"

Para buen entendedor pocas palabras, dicho popular que se le puede aplicar a ese evangelio escrito por María Magdalena, que sin ser todo completo, considerando que tan solo esa parte se logró rescatar, es bastante claro en cuanto a la intención y a las enseñanzas de Jesús que de algún modo beneficiaba a quienes deseaban hacer una religión universal a su imagen e intereses, y esa manipulación a la verdad pregonada por Jesús ha venido creciendo a través del tiempo, sin ver un cambio en la mentalidad de quienes son la jerarquía de una iglesia como el cristianismo la más extendida en el mundo y aun sometida a sus preceptos y dogmas, que nada tienen relación con las palabras de Jesús.

Agreguemos ahora la clara explicación aparecida en la página "Tu voz Divina" que nos agradó bastante y nos aclaró mucho más lo concerniente no solo al evangelio en sí de María Magdalena, sino su relación con Jesús y el resto de los apóstoles.

"María Magdalena fue portadora de un conocimiento tan profundo y revolucionario que fue marginado y suprimido por las estructuras eclesiástica tradicionales.

¿A María confió el secreto sobre la naturaleza de nuestra realidad, secretos que podrían transformar completamente nuestra percepción del universo que dentro de nosotros reside una fuente inagotable de poder divino y es a través del conocimiento y la comprensión de nuestra propia esencia espiritual que podemos conectarnos verdaderamente con lo divino?

Es un texto que desafía nuestras creencias más arraigadas y nos invita a un viaje de transformación espiritual, descubriremos la existencia de un evangelio perseguido con vehemencia y condenado al fuego por la iglesia este texto sagrado revela que Jesús no solo estaba versado, sino que activamente divulgaba las enseñanzas profundas de la filosofía hermética del antiguo Egipto.

Según las leyes del mentalismo defendidas por figuras como Hermes Trimegisto nuestra mente tiene el poder extraordinario de crear realidades estas enseñanzas herméticas que proclaman que todo es mente y que la mente puede alterar y formar la realidad eran conocimientos que Jesús quería compartir para transformar a sus discípulos en lideres capaces. De utilizar este evangelio sugiere que Jesús promovía la comprensión de que todos poseemos un poder divino la capacidad de nuestra mente para influir y modificad nuestra realidad al divulgar estas enseñanzas a través de María Magdalena Jesús no solo reforzaba la autonomía y la capacidad de liderazgo entre sus seguidores, sino que también establecía un puente directo con los principios herméticos que resuenan con la opción de que el universo entero es mental. El evangelio de María Magdalena se presenta como un faro de luz y una enseñanza reveladora entregada directamente por Jesús a su discípula más cercana desafía las narrativas tradicionales, sino que invita a restructurar y abrazar el poder divino que reside en el núcleo de nuestra propia mente.

María relata que el alma al morir asciende a través de diferentes niveles, enfrentándose a poderes que intentan detenerla, como la oscuridad, el deseo y la ignorancia. Los supera gracias al conocimiento interior y la pureza espiritual.

El camino a Dios y la salvación, no es por obediencia externa, sino por el autoconocimiento y la transformación del alma. Jesús enseñó que no hay que buscar a Dios en leyes o instituciones, sino dentro de uno mismo.

Cabe señalar que Jesús antes de partir, les habló a ellos sus discípulos sobre temas espirituales y filosófico. Señalando, por ejemplo, el pecado no es impuesto por Dios, sino algo que los humanos crean al actuar contrariamente a su verdadera naturaleza.

La importancia del conocimiento interior encontrar la verdad dentro de uno mismo lleva a la libertad.

Que el reino de Dios no está en el cielo, ni en el mundo material, sino dentro de cada persona.

Jesús les dijo: "donde está la mente está el tesoro, no os dejéis engañar. No sigáis a los que os dicen: mirad aquí, mirad allí. El Hijo del Hombre está dentro de vosotros.

Los discípulos le dicen a María Magdalena que les enseñe lo que el Salvador le dijo solo a ella.

María relata una visión espiritual que Jesús le ayudó a comprender: ella le describe el viaje del alma después de la muerte a través de cuatro poderes hostiles que buscan retenerla: Oscuridad, deseo, ignorancia e ira.

"No te vi descendiendo, sino que tú me viste ascendiendo y me has detenido. Pero yo no te he conocido. Te he vencido como vestidura y no me reconociste".

Esa visión representa el proceso de purificación interior: el alma debe desprenderse de lo material para volver a su origen divino.

Es allí cuando Pedro dice a sus compañeros, ¿"realmente el Salvador habló en privado con ella y no con nosotros".?

Andrés también duda de la autenticidad de su visión, pero Levi (Mateo) la defiende: "si el Salvador la hizo digna, ¿Quién eres tú para rechazarla? Ciertamente, el Salvador la conoce muy bien. Por eso la amó más que a nosotros.

Ella fue cuestionada por ser mujer, y mantenía un lugar privilegiado una conexión especial con Jesús.

Según María Magdalena los niveles o poderes del alma son cuatro que intentan impedir su retorno al reino espiritual.

Esos niveles representan obstáculos interiores: deseos, apegos y engaños.

La Oscuridad: representa la ignorancia profunda, el olvido de lo divino, el estado más alejando de la luz del espíritu.

Así mismo la oscuridad intenta hacer que el alma dude de sí misma y olvide su origen.

El deseo: representa anhelo desordenado, el apego a lo material. Los placeres que esclavizan.

El alma responde que el deseo le recuerda sus atracciones pasadas e intenta retenerla por medio de su seducción.

El alma responde que el deseo no la domina más, pues ha tomado conciencia de su verdadera naturaleza.

La ignorancia representa la falsa sabiduría, los conceptos erróneos del mundo, la confusión entre apariencia y verdad.

El desafío del alma trata de engañarla con discursos y mentiras haciéndola dudar de la verdad interior.

La Ira del cuerpo, la falsa paz, es la lucha interna entre espíritu y carne, la ilusión de paz que da el mundo cuando el alma se conforma.

Esta potencia le recuerda al alma que la paz del mundo es más cómoda que el camino espiritual

El alma renuncia a la falsa seguridad y el conformismo, afirmando su búsqueda del verdadero reino.

Todo eso resume la oscuridad de quien somos, el deseo nos ata a la superficialidad, la ignorancia nos confunde con ideas falsas, la ira del cuerpo o la falsa paz nos hace conformarnos con una vida sin despertar espiritual.

Y así en el silencio de la meditación el Maestro se despidió, pero su luz no se extinguió, ardía dentro de mí, como llama encendida por la verdad entonces el alma fue llevada hacia los cielos interiores y una visión me fue dada.

Vi el alma desnuda de carne, ascender como chispa que regresa al fuego, pero no era un camino fácil pues había guardianes en los umbrales del mundo invisible, cada uno representaba una atadura al mundo, un eco del yo que debía ser vencido.

Muchos temen a la muerte, pero lo que tememos no es morir, sino perder el mundo que creemos que somos. El alma no muere, el alma regresa y en su viaje se recuerda a sí misma como parte del Eterno.

Esas enseñanzas y experiencias vividas por María Magdalena con su Maestro o Salvador como le decía ella y los otros apóstoles, claro que la iglesia en formación cuando el emperador Constantino y el Concilio de Nicea, creaban la nueva religión jamás las aceptarían para incluirlas en el canón dentro de sus dogmas, eso los anularía en sus ambición de lograr poder y riqueza, porque en sus palabras el Maestro les dio a ellos sus seguidores y al mundo entero, todas las enseñanzas para el camino de liberación espiritual y así llegar al padre, misión principal de Jesús.

Escrituras como esas de María Magdalena, los obispos reunidos en la población de Nicea, en Italia revisaron muy minuciosamente cada frase, para escoger lo que les convenía y el resto desecharlo. Textos como el evangelio de Tomás, el libro de Enoc y otros textos más, fueron eliminados oficialmente según para simplificar las enseñanzas y hacerlas más accesibles al público en general, no obstante existe otra teoría más intrigante y profunda que sugiere que esos textos contenían conocimientos antiguos y poderosos, como lo hemos vistos, que no alineaban con la dirección que los lideres eclesiástico deseaban porque apuntan a un conocimiento crucial de los gnósticos quienes integraron y comprendieron afortunadamente las ideas del esoterismo la Teosofía y el ocultismo .

De esta manera María Magdalena emerge no solo como testigos de la crucifixión y resurrección, sino como receptora de revelaciones que se plasmaron en el conocido Evangelio de María Magdalena ausente de las escrituras canónicas que ha intrigado a teólogos y laicos por igual proponiendo una visión alternativa de su papel en los albores del cristianismo, si bien la fecha exacta de su redacción data en el segundo siglo se extendió entre los primeros seguidores que buscaban conocer la esencia de las enseñanzas de Jesús y al parecer recibidores de un conocimiento espiritual que sorprendió a los apóstoles por qué fue la elegida.

Había una relación más rica e íntima entre María y Jesús fue una iniciada en verdades profundas y sagradas, como lo hemos visto en esos conocimientos que podrían haber alterado el uso de la iglesia si se hubiera revelado abiertamente.

El evangelio de Felipe señala que había tres mujeres que caminaban con el Señor: María Magdalena, su hermana y su madre. El señor amaba a María Magdalena más que a todos los discípulos y la besaba frecuentemente ¿por qué la amas más que a todos nosotros? Preguntó, respondiendo Jesús porque no os amo a vosotros como a ella.

Entre ellos había una intimidad espiritual que molestaba a los otros discípulos

Ese evangelio escrito en copto egipcio nos instruye en unas ideas esotéricas y apocalípticas donde el conocimiento no es solo información sino la verdadera realidad de nuestra existencia. Es el único evangelio atribuido a una mujer.

María Magdalena era la favorita y tenía muchos seguidores.

Sus conversaciones y visiones no las compartió con los otros apóstoles. Ese tipo especial de conocimientos la consideraba digna de un maestro como Jesús que reconoció en ella una mente más abierta y fácil de entender sus palabras, sus enseñanzas, a pesar de ser mujer, recodando que él no discriminaba ni en género, raza, clase social.

Jesús baso sus enseñanzas en la metafísica pura y las realidades espirituales que se entrelazan ofreciendo una visión radicalmente diferente de enseñanza y practica del cristianismo.

Se divide en dos partes. La primera parte describe un dialogo entre Jesús resucitado y sus discípulos responde preguntas sobre la mentira y el pecado.

Da las enseñanzas e instrucciones a sus discípulos. Explica lo del pecado tradicional, explicando que no existe como una entidad independiente sino de algo que surge de nuestras propias acciones cuando nos desviamos del bien inherente a nuestra esencia, pero les dijo ya que nos ha explicado todo cual es el pecado del mundo. Jesús respondió no hay pecado. Son vosotros quienes crean el pecado cuando hacéis cosas que son como la naturaleza del adulterio por eso vino la esencia a cada naturaleza para restaurarla a su raíz.

No hay un pecado universal solo ocurre cuando actuamos de acuerdo con la naturaleza del pecado que proviene de nosotros cuando actuamos contra el bien que hay en nosotros y seguimos un deseo que es contrario al bien.

Las enseñanzas de Hermes Trimegisto se entrelazan con las de Jesús que revela una comprensión más profunda del concepto que solemos llamar pecado.

El principio de correspondencia que dice como es arriba es abajo y como es abajo es arriba, junto con los principios de causa y efecto de vibración. cada vez que pecamos o desviándonos de la luz de nuestra verdad interior permitimos frecuencias especificas hacia la matriz cósmica un tejido que conecta con nuestra existencia son como semillas espirituales que plantemos en el suelo del cosmos son recorridas por la fuente, el núcleo de nuestra existencia y de todo ser de forma similar a como las ondas sonoras de un grito, resuenan y rebotan contra las montañas nuestras acciones aquellas desalineadas con nuestro ser divino.

Bajo la ley de causa y efecto. Toda acción tiene su reacción a través de las eras nuestros pecados son acciones erradas que finalmente vuelven al origen esto es el castigo divino que todos temen es una manifestación universal de equilibrio y armonía

El pecado es una desviación con el eterno flujo divino

Somos víctimas de nuestras propias acciones. Nos invita a vivir en armonía, no solo lo que deseamos sino lo que es para nuestro bien.

Fortalece nuestra conexión con la fuente y nos acerca más a nuestra esencia divina este conocimiento nos limita. El que tenga oído para oír que oiga concluye instando a una reflexión interna y profunda sobre estas verdades.

Cuidaos cuando te digan que ahí, o aquí está, no somos castigados por nuestras acciones, sino que experimentamos las consecuencias directas de las vibraciones que tenemos que emitir por tanto y cuando hablamos de pecado no es una mancha o una culpa, al entender somos víctimas de nuestras propias acciones.

El apego a la materia produce una sin imagen de sí misma porque se siente atraída a su naturaleza superior.

Os he dicho que desandáis en tu corazón, en vuestra naturaleza   el que tenga oídos para oír que oiga.

No te confundas cuando te digan, está aquí o esta allá, porque el hijo del hombre está dentro de vosotros seguidlo, aquellos que lo buscan lo encontraran, se fue dicho eso y ellos cayeron en tristeza. María Magdalena se levantó y dijo a sus hermanos, no lloréis, no dudéis porque su gracia estará con todos vosotros nos preparó y nos hizo humanos.

Pedro reconoce el amor especial que Jesús siente por María Magdalena, la búsqueda de la verdad trasciende a lo convencional del ser.

Hermana sabes que el Salvador te amo más que a otras mujeres enséñanos lo que tu conoces y nosotros no. María dijo lo que esta oculto para vosotros lo revelare y les dijo yo le dije Señor te vi en una visión y él me dijo bendita que no vacilaste al verme porque donde esté la mente, está el tesoro, Señor y ¿quién contempla a una visión lo ha hecho con su alma o con su espíritu? El Salvador lo contempla ni con el alma ni con el espíritu sino con la mente que esta entre los dos. Todo es mente, donde está la mente está el tesoro".

Esas mismas enseñanzas Jesús las dijo a unos y otros, las repetía como una forma de insistencia para ser entendido y ellos las aplicaran, siendo María Magdalena la más entendida y con la mente más dispuesta a escuchar y aplicar y por ello tanto acercamiento entre ellos.

La pregunta que nuevamente nos hacemos, ¿por qué esconder ese evangelio, el único escrito por María Magdalena? Lo entendemos es radical, fuerte, sincero, pero igual es interesante, muy reflexivo, que después de tantos años, siglos, la iglesia causante del mal que le ha hecho a una vida dedicada a orientar y dirigir a la humanidad, la hundieron en la mentira, en el engaño, y hoy salen sus consecuencias con la reacción que poco a poco y en algunos

71

casos de manera silenciosa, ya se rebeló a esa manipulación basada en la mentiras y sometimiento, exigiendo a gritos que dejen ya ese sometimiento y hablen claro con los feligreses practicantes que aún quedan antes de que se realice una revolución dentro de ellos y enfrenten a un Vaticano que reúne al poder en base a un dios a su imagen de intereses y poder, los tienen engañados, subyugados.

Cada vez más circula el evangelio de María Magdalena y el de Tomás superando la censura, el bloqueo, y con ello el despertar de una humanidad que exigirá cuentas en el momento menos esperado y sabemos está cerca.

Entonces de qué valen las últimas palabras del Papa Francisco con aquello de "Todo ha sido mentiras" si no hace reflexionar a quienes siguen enquistados en ese Palacio llamado Vaticano del cual Jesús nunca habló, ni siquiera asomó una idea de encerrar sus enseñanzas entre cuatro paredes y menos habló de una jerarquía que vive entre riquezas, lujos y comodidades.

¿Somos herejes por opinar y decir palabras como esas? Entonces lo seremos, porque seguimos al pie de la letra, o por lo menos lo intentamos, las enseñanzas de El Salvador como le dijo María Magdalena, las de Jesús de Nazareth porque ni las monjas del colegio donde nos educamos, ni la fe que vimos en nuestra madre obedeciendo todo lo que según ellos evitaba el infierno, nos convencieron de un dios vengativo, castigador y censurador como nos muestra una iglesia que ellos inventaron y a la cual Jesús nunca se refirió.

En adelante trataremos opiniones de filósofos, arqueólogos, investigadores y otros escritores basándose en sus propias consultas e investigaciones. Dejando para la última parte de este modesto libro, nuestras perspectivas, creencias y el futuro que se vislumbra en muchos corazones seguidores de Jesús de Nazareth, nos sumamos a ese movimiento que surge por ahora, de manera individual, pero con el mismo fin saldremos organizados por igual sentimiento y a la vez un reclamo, por tantos años de oscuridad teniendo como principio a unas religiones que nos limitaron a vivir en la libertad espiritual que es nuestro derecho y razón de ser.

Veamos ahora la página "Llama de la Humanidad", que trata sobre los evangelios perdidos, desaparecidos y otros quemados coincidiendo con muchos otros escritos en referencia a cómo fueron tildados de peligrosos evitándolos en documentos que podrían transcender, pero la verdad siempre saldrá a la luz, tarde o temprano, porque no hay lugar donde se esconda la mentira que no la pueda encontrar la verdad.

Señala que fueron considerados herejes porque desafiaban las bases del poder religioso mostrando un Jesús diferente.

Silenciaron todo aquello que los pondría en riesgo y perjudicaría mostrando un Jesús totalmente diferente, un Jesús humano, revolucionario, pero sobre todo libre.

Ellos la jerarquía de la iglesia que se estaba constituyendo escondieron muchos evangelios, sin contar que seguidores de Jesús habían logrado esconder sus verdaderas lecciones de vida, la verdadera manera de proceder y la realidad sobre las creencias religiosas del momento.

Siglos después, parte de esos escritos fueron encontrados en Egipto y en otros desiertos después de haber sobrevivido en los oscuros refugios escondidos.

EVANGELIO ESCONDIDO DE TOMAS

Junto al evangelio de María Magdalena, que se recuperó apenas unos pedazos pero que han sido suficiente para entender a un Jesús que vino a prepararnos para encontrar el rumbo en nuestro camino tener y entender cómo llegar a un nivel superior que nos condujera a dios.

El evangelio de Tomás, según el discípulo preferido de Jesús y quien entendía las parábolas y las palabras de su maestro como le decía, aparecen sus enseñanzas en cortas frases colmadas de sabidurías que en estos tiempos siguen vigentes:

"Habla como maestro de la verdad."

"El que cree en mí, hará lo mismo que yo hago."

"Si sacas a la luz lo que hay dentro de ti eso te salvará."

"El reino está dentro de ti, libertadora desafiante."

"Si das luz a lo que hay dentro de ti, eso te salvará, si lo dejas dentro de ti, eso te destruirá."

"Yo soy la luz que está, sobre todo, Soy el todo, Todo salió de mí y todo vuelve a mí. "

"Levanta una piedra y allí me encontrarás"

"María Magdalena era iniciada, portadora de secretos. Tenía conexión directa con el creador."

"El reino interior haría libre al hombre. Quien tenga oídos, que oiga."

"Quien se conozca a sí mismo conocerá al Padre."

"No vino a salvar, vino a despertar"

"Lo que está oculto será revelado"

"Vino a encender una llama en el alma de la humanidad."

Todas esas enseñanzas unas fueron eliminadas totalmente, otras escondidas, mucho de esas palabras estaban enterradas en jarrones que fueron descubiertas, unos en el año 1945 en Egipto, en el desierto de Nag Hamadi y otras en 1947 en el Mar Mediterráneo según custodiados por los Esenios.

La verdad se podrá ocultar por el tiempo que sea necesario, pero siempre terminará demostrando la mentira y en este caso de los evangelios apócrifos, unos incompletos, como el de María Magdalena, otros en mejores condiciones como el de Tomás.

Efectivamente Jesús en varias oportunidades hablaba en parábolas y a Tomás se le atribuyen más de 100, todas con grandes mensajes como estos.

1. "Quien encuentra la interpretación de estas palabras, no gustará de muerte."

2. "Quien no cesa en su búsqueda hasta que encuentre y cuando encuentre se turbará, y cuando se turbe se asombrará y se convertirá en rey, sobre todo."

3. "Si aquellos que os guían os dirán esto ve al reino está en el cielo entonces las aves serán las primeras delante del cielo, si os dice está en el mar, entonces los peces serán los primeros, más el reino es interior y exterior. Cuando lleguéis a conoceros a vosotros mismos entonces seréis conocidos y seréis los hijos del padre que vive, sino conocéis a vosotros entonces viviréis en pobreza y sois pobreza."

4. "No demorará el hombre de los largos días de preguntar a un niño de 7 días por el lugar de vida y vivirá pues muchos a ser últimos y llegaran a ser uno solo."

5. "Conoce lo que está ante tu rostro y lo que está oculto será revelado pues nada en cubierto se quedará sin revelar."

6. "¿Quieres que ayunemos? ¿Y de qué modo oremos y de qué modo oraremos? Hemos de dar limosnas, que debemos observar la comida, no mintáis lo que aborreces que está a la vista en la presencia del cielo

nada será oculto que no sea manifiesto y nada encubierto y nada develado será encubierto."

7. "Dichoso el león al que el hombre comerá y maldito es el hombre que el león comerá y llegará a ser hombre."

8. "El hombre se parece a un pescador sabio que echó la red al mar la sacó lleno de peces pequeños y encontró un pez grande votó los pequeños al mar y se quedó con el grande. El que tenga oídos que oiga."

9. "Mirad al que siembra y al hermano que echó las semillas en el camino y los pájaros se la comieron, las que cayeron en las rocas no echaron raíces, otras sobre espinas el gusano se las comió y las otras en tierra buena dio frutos hacia el cielo llegó a recoger 60 por medida y 100 por medida."

10. "He arrojado fuego sobre el mundo y ved que lo miro hasta que arda."

11. "Este cielo pasara y el que está por encima de él pasara, los muertos no viven y los vivos no morirán, los días que comas lo que está muerto cuando llegue a estar en la luz qué haréis ¿cuándo lleguen a ser dos, ¿qué haréis?"

12. "Los discípulos dijeron, sabemos que te vas de nuestro lado, nos dejaras serás grande sobre nosotros. Donde quieras hayas venido por Jacob que llegaron a ser al cielo y la tierra."

13. "Díganme a quien me parezco, dijo Pedro a un ángel justo, Mateo te pareces a un filósofo sabio. Tomas soy incapaz de decir a quien te pareces. Yo no soy quien me dices estas embriagado, te has tomado el pozo, se separó, al regresar con Jesús le preguntaron qué le dijo, si os digo arrojarían piedras sobre mí y saldrá fuego que los abrazaría."

14. "Si ayunas engendrareis un pecado, si lloráis seréis condenados y si dais limosna haréis mal a tu espíritu. Si viajas comed lo que te sirvan en la mesa porque no os contaminareis, porque lo que salga de tu boca si os contaminará."

15. "Cuando veáis a aquel que no ha sido engendrado de mujer trae vuestro rostro postrado es vuestro padre."

16. "Quizás piensan los hombres que he venido a traer paz al mundo no saben que he venido a traer decepciones, fuego para la tierra,15 habrá en una casa 2 contra 3, y 3 contra 2, padres frente a sus hijos, contra sus padres y se levantaron solitarios."

17. "Dinos ¿cómo será nuestro fin? No habéis sabido aun donde está vuestro principio y preguntáis por el fin, bienaventurado quien este levantado, cesará el fin y no conocerá muerte."

18. "Bienaventurado quien exista antes de llegar a ser, si sois mis discípulos y escucháis mis palabras estas piedras os servirán."

19. "Dinos a que se asemeja el reino de los cielos, a un grano de mostaza que cae en la tierra y produce gran rama y da refugio a los pájaros del cielo."

Hacemos una nota al margen de esos textos, porque según el filósofo Baruch Spinosa, los apóstoles eran analfabetas, humildes pescadores, ¿cómo escribieron en el momento todas sus palabras?

En tanto que el investigador JJ Benitez, señala que esos supuestos evangelios fueron escritos entre 40 y 60 años después, es decir no eran seguidores quienes escribían palabra por palabra lo que iba hablando Jesús.

Sin embargo, en nuestros 79 años, tanto como periodista, como ciudadana común, hemos escuchado a sacerdotes o curas como le dicen los católicos, que esas palabras según el apóstol tal, o el apóstol cuál en cada misa, en cada acto religioso, haciéndose verdad por el método de la repetición que tanto utiliza la política: Una mentira repetida, se convierte en verdad.

Eso será lo que realmente sucedió, de tanto escuchar esas mismas palabras según pronunciadas por Jesús ya la tenemos por verdad, a pesar de tomar en cuenta la observación de B. Spinosa que expone en sus escritos e investigaciones que los apóstoles no sabían ni leer, ni escribir, como la mayoría de los pobladores.

Eso nos da pie para opinar que Constantino y sus obispos cómplices en el Concilio de Nicea de donde parte toda la mentira de la fundación de la religión cristiana, son los culpables que hoy después de tanto años, más de dos mil, se esté descubriendo toda la maraña montada con el objetivo de unificar el imperio romano viendo la parte política, pero dominar, someter, obligar al mundo a aceptar sus dogmas y estructura en la parte religiosa, comenzando así uno de los poderes más sólidos hasta nuestros días, el poder religioso, logrando grandes beneficios económicos, viviendo como reyes en palacios forrados en oro, con millones en monedas y los privilegios que generan por sus "servicios" en favor de Dios supuestamente para no ir al infierno, salvar el alma, recordando a Martín Lutero el obispo que denunció el negocio que tenía el Vaticano con la venta de indulgencias, es decir vendiendo el perdón de sus pecados para salvarse del infierno. Según sus pecados pagaban determinada suma de dinero, es decir se podía matar, robar, difamar, y luego pagaban el costo para no ir al infierno. ¡Qué horror!

Jesús no vino a fundar iglesias, y así lo dejó claro con dos de sus palabras: "vino a liberar el alma", "si sacas lo que tienes dentro, te salvarás", "levantas una piedra y allí estoy yo".

Ahora toma más vigencia que nunca, lo dicho por Jesús: "La ignorancia es el peor de los pecados".

Y fue precisamente en eso donde se afianzaron en el Concilio de Nicea para hacer los dogmas, y armar la estructura de la religión que necesitaban a sus intereses y poder, tanto el político, como el religioso que allí fue donde nació la dominación de las masas no con misas y rosarios, sino con un infierno que los esperaba entre las llamas que los consumiría por los siglos de los siglos. ¿Recuerdan eso? Nosotros sí.

EVANGELIO DE FELIPE

Felipe el apóstol que acompañó a María Magdalena y Tomas entre los evangelios apócrifos, desechados por la jerarquía religiosa que aparecieron en el desierto de Nag Hamadi en 1945.

Felipe su evangelio escrito originalmente en griego en el siglo II y luego de traducirlo al copto consta con 143 reflexiones, nacimiento espiritual y vida eterna. Donde se enfoca el misterio del matrimonio sagrado, redención espiritual y la unión perfecta del alma con Cristo.

Entre sus citas podemos mencionar: Nacimiento espiritual y vida eterna: "lo que heredan lo que es vivo son ellos mismos vivientes, heredan tanto lo vivo, como lo muerto".

Jesús no solo tienta a convertir, sino a renacer interiormente, clausula central de tu enfoque.

El Reino Interior: "Quien no ha recibido al Señor es todavía un hebreo"

El texto subraya que la verdadera pertenencia espiritual no viene de la noción o rito del reconocimiento de Jesús como maestro interior.

Transformación Interior: Ninguno puede ver a nada de los que son imperecederos sin antes parecérseles, viste al espíritu y te convertiste en espíritu, viste a Cristo y te convertiste en Cristo, viste al Padre y te harás padre.

Esto refleja tu premisa: tenemos la chispa divina y podemos hacerla emerger.

Fe y amor: "La fe recibe, el amor da, creemos para recibir, damos con amor"

Aquí se unen dos pilares del despertar, abrirse a la experiencia divina y actuar desde el amor interior.

La Relación con María Magdalena: "Los apóstoles lo llamaban Jesús Nazareno Mesías que significa Cristo y Nazareno significa verdad.

El texto indica una visión íntima y espiritual del acompañamiento de Jesús sin entrar en literalismos

Luz y oscuridad como par espiritual: "La luz y la oscuridad, la vida y la muerte, son hermanos, cada uno se disolverá en su origen" Une con tu tema del renacer: la integración de lo opuestos y el acceso a una conciencia más profunda.

Aquí Felipe muestra la faceta interna, no la dogmática de Jesús como iniciador de una vía espiritual, nos refuerza el Jesús místico, espiritual.

Con relación a María Magdalena, señala Felipe que Jesús era muy cercano a ella al besarla en la boca le trasmitía sus conocimientos, era ella la elegida, no Pedro.

Todos los evangelios liberan y no hacen falta sacerdotes, ni jerarquías, solo un corazón dispuesto a morir hacia dentro y por decir esas cosas muchos fueron perseguidos.

El Cristo no es una persona, sino un estado de conciencia que puede habitar en cualquier cuerpo y cultura.

El Cristo es un plan evolutivo de la conciencia y acceder a la frecuencia, no es una figura, ni una cultura, es Cristo.

"Yo y Dios somos los mismos"

CODICES DEL NAG HAMADI

En diciembre de 1945 en una cueva cerca de la población de Nag Hamadi, en el alto Egipto, un campesino llamado Muhammad Al Samman descubrió una jarra sellada con 13 códices de papiro escrito en copto antiguo. Dentro de esos códices había más de 50 tratados, la mayoría totalmente desconocidos para el mundo.

Muchos de esos textos eran evangelios en el Nuevo Testamento como: el evangelio de Tomás, el evangelio de Felipe, el evangelio de María Magdalena, la Hipóstasis de los Arcontes, el libro secreto de Juan el tratado de la resurrección, textos profundamente místicos, simbólicos, espirituales y libres del dogma eclesial.

Esos códices revelan una versión completamente distinta del mensaje de Jesús, profundamente interior y gnóstico.

En esos textos se consiguieron mensajes como:" Jesús no muere para pagar culpas, sino para despertar el alma dormida". "El reino de Dios no está en el cielo futuro, sino dentro de cada ser humano". "El pecado no es una ofensa legal, sino ignorancia de la propia divinidad." "La salvación no viene por ritos ni creencias, sino por conocimiento interior.

Todo fue ocultado por la iglesia institucionalizada del siglo IV desde el Concilio de Nicea allí donde eligieron los evangelios que les servían a su estructura de poder y descartó o persiguió los que ponían en peligro su autoridad.

Los textos fueron considerados heréticos, porque: no reconocen la necesidad de una iglesia mediadora, eleva a la mujer a niveles de liderazgo, enseñan que todos los humanos tienen la chispa divina. Invitan a cuestionar los arcontes, los poderes dominadores del mundo.

¿Qué dicen sobre Jesús?

Es Maestro de sabiduría y guía interior

Habla en parábolas místicas

Que no se angustia ante la muerte y la cruz

Que valora profundamente el femenino espiritual

Que no impone fe, sino que despierta conciencia.

En nuestro afán por investigar todo lo referente a un Jesús diferente, al mostrado durante años y que nunca nos convencieron por carecer de lógica tratándose de un Jesús que según nuestra opinión es otro totalmente a como nos han mostrado las investigaciones en diferente fuentes informativas y profesionales, así nos hemos enterado que en las famosas páginas informativas como Wikipedia y en el mismo Google, para ellos en esos códices de Nag Hamadi, no están ni el evangelio de María Magdalena, que es precisamente la gran sorpresa para todos por ser el testimonio de la única mujer discípula que escribe sobre las enseñanzas más profundas de Jesús, como tampoco tienen el evangelio de Tomás y de Felipe.

¿Por qué no aparece ni siquiera mencionados sus nombres, en tan "importantes" páginas de información? Precisamente porque ellos, esos medios de comunicación están al servicio, mejor dicho, son parte, de ese grupo de personas del nuevo orden, que data de esos tiempos de Constantino y ha llegado hasta nuestro tiempo.

Pero como hemos dicho, ¿a dónde irá la mentira, que no la alcance la verdad

María Magdalena ¿Olvidada? O sencillamente desechada porque así también lo decidieron en aquel Concilio de Nicea donde "armaron" toda la estructura, dogmas, y demás de lo que sería la Iglesia instituida y creada por Constantino en la búsqueda de la unidad de su poderoso imperio.

Esos códices rescatados señalan conocimientos muy diferentes en las predicas de Jesús, tales como: "el reino de dios no está fuera, sino dentro de ti", "el corazón humano, es la luz si se logra verla", "el verdadero conocimiento interior es la verdadera salvación, no la obediencia ciega a dogmas externos".

Por ello, esos papeles fueron peligrosos para quienes constituían una religión a sus aspiraciones e intereses.

Jesús nunca se mostró como líder, sino como un maestro revelando misterios solo para quienes estaban listos para escucharlos y entenderlos.

Hablaba en parábolas, para quienes tenían ojos más allá, la verdad no se impone se descubre desde adentro.

Sus palabras encierran dichos como: "conócete a ti mismo y conocerás al reino".

Jesús no buscó seguidores sino personas despiertas y de ser así rompería estructuras de poder, hecho que jamás permitirán.

El no vino a fundar iglesias, sino a liberar el alma. Palabras como esas las tildaron de herejes, fueron desechadas, realmente eran un peligro para ellos los dueños del poder religioso y político en aquellos tiempos del Imperio Romano.

Jesús buscaba transformar y eso significaría romper las cadenas de la ignorancia, el final del sometimiento, del control, del miedo. En ese sentido uno de los evangelios de Felipe señala que "La verdad no se recibe por trasmisión, sino por revelación. No a una obediencia externa, sino a una revelación interna".

María Magdalena la discípula más cercana al nazareno, señalaba que Jesús vino a encender la llama olvidada.

Entonces si así lo conocían muchos, ¿por qué callaron? Constantino como emperador y el cerebro de la creación de una religión que unificara su imperio, una vez decretado el cristianismo como la religión oficial, inició una persecución feroz en contra de todos aquellos que ya la practicaban primitivamente en base a las palabras de Jesús y no a lo estructurado en el Concilio de Nicea cuando se dejó sentado el cristianismo.

Así fueron perseguidos los Cátaros un movimiento religioso cristiano que floreció en Francia e Italia. Rechazaban la autoridad de la Iglesia Católica y sus enseñanzas, creían que la materia era mala y solo el mundo espiritual era bueno, renunciaban al mundo material buscando la libertad a través de la purificación.

Igualmente perseguían a los Maniqueos, religiosos en Persia que creían en las dos fuerzas: el bien y el mal, la luz y la oscuridad.

Así como a ellos perseguían so pena de muerte a todos aquellos que no acataran al cristianismo impuesto por el Imperio Romano bajo el mando de Constantino.

Muy mal entendieron las palabras de Jesús: "El reino de Dios está dentro de ti". De allí las palabras de Jesús a María Magdalena: "El peor pecado del alma es la ignorancia" y es entonces la razón al hablar Jesús de abrir la mente para lograr el entendimiento.

Nunca la Iglesia creada por Constantino habló de eso, ni de buscar a Dios dentro de ti...

Tomás el apóstol más cercano a Jesús señaló que María Magdalena era iniciada, portadora de secretos, hablaba del reino interior, sin mandamientos, ni sacrificios. Tenía conexión directa con el Creador, "quién se conozca a si mismo conocerá al padre". "El no vino a salvar, vino a despertar".

Jamás en tantos años acudiendo a la iglesia, unas veces obligada, en otras por curiosidad, escuchamos esas enseñanzas de Jesús.

Nunca a un sacerdote en esas tantas veces que acudimos a las misa los escuchamos decir "Según el evangelio de María Magdalena" eso para ellos nunca existió pensaron que fueron quemados, destruidos, desconocían que 300 años después aparecerían y se darían a conocer a la luz pública, ante el terror de ellos de ser descubierta parte de esa verdad y casi lo lograron porque han sido muy pocos a quienes les ha llegado a sus manos esas palabras escritas por la discípula preferida de Jesús a quien le confió unos conocimientos desconocidos en esos años. Gracias a la tecnología, y a sus consecuencias en avances de comunicación, hoy somos muchos más quienes hemos conseguido en sus palabras la repuesta a la pregunta que nos hicimos y a tantos a quienes les hicimos.

La repuesta no es que no la conocían sencillamente es ese el gran secreto, entre otros tantos, tal vez hasta más importantes, que estaban bajo secreto, que se han dado a conocer y creemos que en el menor tiempo que pensamos, seremos muchos más quienes le exijamos a esa jerarquía de una iglesia creada a espalda de Jesús, de repuestas, develen los tantos secretos en las catacumbas del Vaticano y entonces si veremos la resurrección de la verdad que tanto predicó él y lo han callado.

Con los códices encontrados en Nag Hamadi, se inició en unas partes y se acentuó en otras, las verdaderas enseñanzas de Jesús y el papel importante que jugó María Magdalena, la discípula   preferida de Jesús.

JESUS REVOLUCIONARIO

Uno de los libros que ayudó al despertar de una buena parte de la población mundial, fue, sin lugar a duda, Caballo de Troya del periodista, escritor e investigador J.J. Benitez de nacionalidad española, quien en nuestro caso nos inició en esa búsqueda de respuestas desde los 12 años y ahora a los 79 en mi retiro como periodista dedicada a escribir ficción, hago un alto en ese estilo para tratar sobre lo que se y siento realmente en este despertar del cual habló Jesús.

Veamos entonces lo que opina el señor Benitez sobre el Jesús revolucionario, que en nada se parece a esos que gritan por derecha e izquierda son revolucionarios cuando realmente son más de los mismos que solo buscan llegar a sitios de poder y dominio sobre la humanidad.

Es este el verdadero revolucionario, tanto así, que partió la historia del mundo en un antes y un después.

Señala entonces J.J Benitez:

"Comencé a cuestionar":

"Todo moldeado, distorsionado incluso manipulado, Jesús no es un hombre estático, clavado en los altares, es un hombre revolucionario profundamente humano que desafió la cultura de su época. Jesús no discriminaba, veía a todo como iguales: ricos, pobres, mujeres, hombres. Desafiaba la estructura de poder, no lo soportaban, sus mensajes eran tan libres, tan transformadores que no podían dejar que sobreviviera de manera normal, lo peor que hicieron fue convertirlo en el fundador de una religión, jamás quiso eso, no buscaba templos de piedras, ni jerarquía, ni intermediarios, su mensaje era íntimo, profundo lo transformaron dijeron cosas en su nombre cuando respondían a otros intereses políticos y de religiosos.

Cuando lo descubrió, JJ Benitez, se liberó, encontró un Jesús que hablaba de inmortalidad, conexión con todas las criaturas, un guía que decía "todo lo que necesitas está dentro de ti.

El alma puede despertar a la realidad. Vacío espiritual de la humanidad provocado por manipulación religiosa que separó al ser humano de su verdadero propósito, nos enseñaron a temer a seguir normas ciegamente, a buscar afuera lo que está adentro, ¿cómo se construye algo tan distorsionado? Se preguntaba.

El primer paso es dejar de buscar la verdad en instituciones, escucha tu corazón.

Jesús reconoció la diferencia entre géneros, elevó a la mujer al mismo nivel y eso fue una dinamita en el sistema.

Cuantas cosas le inventaron: tú eres Pedro y sobre esta roca edificaré mi iglesia.

El hablaba del hombre liberado, pero lo mostraban ensangrentado que no representa al Jesús luminoso, cercano, sonriente.

Ese Cristo de ellos era para sembrar la culpa, infundir miedo.

Jesús no quería eso, quería libertad.

Debemos reencontrarnos, mirar más allá del dogma, buscar la verdad que está en nuestro interior.

"Ama a tu prójimo como a ti mismo", "busca la verdad dentro de ti".

La Vida es un proceso de transformación, de auto reconocimiento.

Jesús es una fuerza dentro de cada, uno nos señala este escritor.

Muchos coincidimos con JJ Benitez, con el filósofo Spinosa considerando que han investigado con honestidad concluyendo que el Jesús que camino por Galilea, tal vez por muchas partes más en esos sus 33 años, es uno muy diferente al que muestra la iglesia cristiana, que lo hacen ver como el castigador, para que infunda temor, pero a su vez lo han estigmatizado como un Cristo que inspira lastima en la cruz creando en la gente el sentimiento de culpa, así lo indica acertadamente el autor e investigador.

Estamos de acuerdo totalmente con la opinión de JJ Benitez, nos moleta ver a un Jesús ensangrentado, con la corona de espina bañado en sangre, muerto, casi desnudo. Así no debe ser, así lo sentimos desde un inicio, que así no debe ser, queremos a un Jesús caminando con su gente, conversando con sus apóstoles, en fin, ver al Jesús que fue en sus 33 años, y no al que fue en sus últimos momentos de esos 33 años.

Señalemos que esa imagen ensangrentada, no es inocente de parte de quienes decidieron mostrarlo así a sus seguidoras. No es inocente, por el contrario, es una de las maneras más manipuladoras de quienes así lo decidieron.

Nosotros desde pequeños se nos muestra ese Jesús torturado y ensangrentado como acusándonos como diciéndonos: "Mira lo que sufrió Jesús por ti, Tú eres el culpable."

Digamos que la cruz no fue un símbolo cristiano original. Fue un instrumento de ejecución imperial una forma de castigo en Roma reservados para los rebeldes y esclavos.

A Jesús lo catalogaron como a ellos, pero el no fue así, sin embargo, así lo mostró y lo muestra la jerarquía eclesiástica para mantenernos con ese sentimiento de culpa.

¿Por qué no mostrar un Jesús sereno como siempre lo fue? ¿Por qué, no como símbolo de liberación? Ese enforque sostenido por siglos ha creado una espiritualidad de la culpa, una idea instalada de que el ser humano está manchado y que Jesús murió por nuestros pecados, como cobrarnos cada respiración.

Esa culpa es una emoción poderosa y las personas se vuelven mas obediente, temerosas y manipulables.

Así con esa culpa, nos ata emocionalmente a la estructura religiosa, una forma sutil de dominio psicológico.

Jesús fue revolucionario en su tiempo, marco en el mundo un antes y después de él, ¿por qué entonces solo lo muestran en una cruz en sus peores condiciones? Porque no como realmente fue su vida: conversador, caminando, perdonando.

Jesús no quiere ser venerado por dolor y culpa, sino por amor. Es un Revolucionario en todos los sentidos, lo peor para la cúpula de la iglesia fue mantenerlo siempre en una cruz ensangrentado, menospreciado, es una vergüenza se hayan aprovechado así de quien es el Salvador de la humanidad, el Revolucionario.

LOS ROLLOS DEL MAR MUERTO

En el estricto control que por siglos han tenido sobre la vida y enseñanzas de Jesús, sus seguidores entendiendo lo que significaba para el mundo y a pesar de sus limitaciones, buscaron la manera de resguardar aquella vida, aquellas palabras y además de esconder en Egipto como lo señalamos, dos años más tarde en el sector del Mar Mediterráneo en 1947 hubo otro descubrimiento: Los rollos del Mar Muerto o el Manifiesto del Qram encontrados por un campesino que accidentalmente consiguió la cueva.

Son un total de 800 libros de la época del segundo templo siendo los escritos más antiguos en hebreo. Entre ellos el libro completo de Isaías. Son 929 manuscritos en hebreo.

Según las excursiones realizadas en los años 1951 y 1956 se consiguieron más pergaminos y nuevos rollos expuestos hoy en día en el Museo de Israel.

Varios de esos rollos se encuentran "guardados", o podríamos decir escondidos en el Vaticano, donde se escribe sobre las enseñanzas originales de Jesús, sin añadidos, sin milagros, sin divinidad, ni resurrección, solo se describe como un maestro judío que enseñaba que Dios es la totalidad de todo lo que existe.

Pablo de Tarso cuyas ideas se consideraron en el Concilio de Nicea en ese invento de un cristianismo dominante, manipulador hicieron una mezcla de todo lo que les convenía tanto de los Rollos del Mar Muerto, como de los escritos de algunos apóstoles, obviando lógicamente los evangelios de María Magdalena y Tomás, encontrados años antes en Nag Hammadi.

En esos manuscritos, se deja en claro que Dios no es un tirano celestial, él es parte de un todo, sin rezos, ni cultos a figuras, sencillamente que "Yo y Dios somos los mismos".

Los Esenios que por años defendieron guardaron y conservaron gran parte de las enseñanzas de Jesús, fueron desapareciendo poco a poco después de la muerte del Cristo. Hasta que finalmente en la imposición del cristianismo por parte de Constantino, los mataron a todos los que quedaban.

En concreto podemos decir que mientras los pergaminos conseguidos en Nag Hammadi y en el Mar Muerto, en el Mediterráneo, exponían el verdadero mensaje y la real vida de Jesús, en el Concilio de Nicea, se encargaron de borrar o desaparecer todo lo que no les convenia en la formación y estructura del cristianismo al servicio del imperio romano, el emperador Constantino y de esa iglesia inventada entre cuatro paredes sí, pero con riquezas y poder que acumularían por años y años, hasta este momento de la era moderna, digamos desde la época del filósofo Baruch Spinosa quien desmontó todas las fallas, mentiras y manipulaciones de la Biblia y del cristianismo creado por los obispos y el emperador Constantino.

BARUCH SPINOSA

Fue un filósofo neerlandés uno de los pensadores de la ilustración de la crítica bíblica moderna y del racionalismo del siglo 17, es considerado uno de los tres grandes racionalistas de la filosofía de su siglo junto a Rene Descartes y del alemán Leibniz y otros diversos pensadores religiosos heterodoxos de su época.

Esos datos no incluyen que fue un duro crítico a la actitud, proceder y mentir de quienes han hecho del cristianismo su poder y sus riquezas bajo los más descarados engaños incluyendo a la biblia, documento histórico que analizó página por página desmantelando toda la retórica, historia y escrituras de los "apóstoles".

Spinosa fue un filósofo fuera de serie, diferente, sus investigaciones llevaron todos sus años de vida, tanto que al final murió en manos de quienes lo tildaron de hereje, le quemaron gran parte de sus escritos e investigaciones, murió a los 44 años enfermo y no envenenado como señalan algunos, pero gran parte de sus escritos, al saber a quienes se enfrentaba, las conclusiones de sus investigaciones las repartió entre los otros científicos del mundo, un total de 12 copias en paquetes bien asegurados que permitieron se divulgaran sus interesantes revelaciones, muchas de ellas, reforzaron las teorías de científicos como Einstein y Newton.

Gracias a esos paquetes que llegaron a manos debidamente seleccionadas por Spinosa y quienes difundieron sus análisis y conclusiones, hoy sabemos lo que sabemos, interpretamos de otras manera lo señalado por la iglesia durante siglos haciéndonos reflexionar sobre dudas y conocimientos antiguos que no nos convencían y hoy encontramos otro camino, con otras decisiones en una mente abierta y no limitada como nos han mantenido por una iglesia manipulada y controlada por intereses de poder y riquezas desde años indefinidos.

Nos mostraron y enseñaron un Jesús y una biblia que no nos cuadraba, que no nos convencía con dudas y decepción sobre un dios castigador, casi vengativo.

Eso se acabó, hoy somos muchos los que vemos a un Jesús muy diferente, un hombre diferente si, extraño para esos tiempos si, con palabras que poco entendíamos, sí, pero humano, lleno de amor, sin distinción de sexo, color, raza, costumbres y demás, con un mensaje que impresionó desde el primer momento: "ámense los unos con los otros" "dios está dentro de ustedes".

Ese si podía ser el enviado de dios, ese Jesús compasivo, amoroso, que jamás habló de guerras, que no acepto ser el Mesías que vendría a liberar a Galilea de la opresión romana, era el enviado a la humanidad para indicar otro camino hacia la gloria que no es otra cosa que encontrarnos con nosotros mismos y actuar con una conciencia despierta, dejando a un lado la ignorancia de la que tanto se aprovecharon y aún se aprovechan los hambrientos de poder y riqueza incluyendo en ellos a la cúpula religiosa.

De Todo eso habló Spinosa y no por su gusto y fanatismo, sino basándose en sus investigaciones tanto a la biblia, como al Jesús y al cristianismo de entonces impuesto a la fuerza, utilizando al temor, al horror, al miedo de permanecer eternamente entre llamas en lo que llamaron infierno.

De todo eso nos habló, lo escribió, Baruch Spinosa, un holandés del siglo 17. integró, serio y víctima de un sistema que lo persiguió como a millones de "herejes" por no pertenecer al "cristianismo" hechos que contradecían el "ámense los unos con los otros" de un Jesús víctima y utilizado por esas jerarquías políticas y religiosas para obtener poder y a una humanidad subyugada en base a mentiras, falsedades, cambiando los hechos e inventando castigos como la manera más fácil de domesticar a esas generaciones hundidas en la ignorancia que como lo dijo el propio Jesús, "es el peor de los pecados" del cual se aprovechan los desalmados de aquel entonces cuando el Concilio de Nicea en tiempos de Constantino y los de ahora, esa cúpula religiosa bañada de lujos y comodidades.

Spinosa ya en el siglo 17 a sus 44 años, cuando murió, conoció la verdad, el trasfondo de cómo tergiversaron las enseñanzas y ejemplo de Jesús dejándolo por escrito, escritos que muchos quemaron y destruyeron, pero que otros superaron más de 300 años, 3 siglos, en manos seguras protagonistas de este despertar que ha permitido despejar siglos de mentiras, engaños y utilización política y religiosa.

Cuánta razón tuvo el Papa Francisco a escasos minutos de morir con sus últimas palabras: "todo ha sido mentiras", tal como lo dijo Spinosa, pero 3 siglos antes, es allí su valor, el reconocimiento a una mente brillante que se adelantó a su tiempo que al final le valió su muerte a la edad de 44 años.

¿Cuánto conocimiento murió con él? ¿Cuánto más hubiera aportado a la humanidad un joven filosofo como él?

Eso lo entendieron esos dueños de la humanidad de entonces y por lo tanto no podían permitir que ese joven filosofo, todo un peligro para sus intereses y su futuro continuara con sus teorías, investigaciones y delatando mentiras, tomaron la decisión, de anularlo, desapareciendo sus escritos, quemados otros y expulsándolo de la sinagoga acusándolo de hereje.

Sus enseñanzas asombran hoy, las explicó y las escribió este joven filosofo holandés, adelantándose a todo aquello que se conocería muchos años después tales como que los evangelios sobre Jesús que fueron escritos entre 50 y 60 años después de su muerte, según los análisis que realizó minuciosamente, esas personas no llegaron a conocer a Jesús, entonces ¿cómo escriben sobre sus enseñanzas, palabras y ejemplo?

Igualmente dijo y escribió Spinosa que, Dios no está en el cielo, es parte de un todo, de la naturaleza, de nosotros mismos, que todos formamos parte del todo.

En 1675 cuando Spinosa recibe un paquete enviado por el cardenal Alejandro Albani documentos que tenían 40 años guardados, mejor dicho, escondidos en las catatumbas de San Pedro en el Vaticano.

Albani había sido seleccionado para clasificar los documentos más secretos del Vaticano, y según teniendo cargo de conciencia por la importancia de esos papeles escondidos a propósito por la jerarquía de la iglesia, se los hizo llegar.

Eran parte de los manuscritos del Qrám conseguidos en el Mediterráneo, en el año 1947 contenían las enseñanzas originales de Jesús, sin milagros, sin divinidad, que no vive en las nubes, sino que forma parte de un todo.

 Lo allí escrito era lo mismo que dijo Baruch Spinosa unos 300 años antes de esos papeles famosos conseguidos en el desierto de Qram.

Entonces ¿eso es casualidad o coincidencia? O es reconocer que Spinosa a pesar de su corta edad era un filósofo avanzado, un investigador que descubrió como matemática y geométricamente   sería Dios, concluyendo que el "reino de dios" es un estado de conciencia, es la totalidad de todo lo que existe.

De tal manera que este joven de 40 años entregó su vida por descubrir no grandes verdades, que formaron parte de su legado, sino grandes y terribles mentiras desde la época de Constantino, los obispos de entonces y los primeros jerarcas cristianos, para someter a la humanidad con falsos dogmas religiosos, falsas palabras que pusieron en boca de Jesús a quien eligieron por su liderazgo e influencia después de 300 años de muerto,

Por eso a Spinosa lo acusaron de hereje, expulsado del judaísmo, acusado por la "Santa Inquisición" y finalmente execrado de la sociedad.

Su legado científico y filosófico aún hoy después de más de 300 años da que hablar, da para escribir, para reflexionar, para cuestionar, para defender y para pensar de otras maneras.

No lograron execrarlo de la historia, allí sigue su nombre, dejó verdades de hechos imposibles en aquellos años del siglo 17

Y son muchos los que agradecen su ejemplo de tenacidad y valentía porque considerando la tiranía de las autoridades del siglo 17 en lo político y religioso, él sabía estaba sentenciado a la indiferencia y eso no lo amilanó, al contrario, pasaba noches y días enteros trabajando para terminar sus investigaciones antes de su muerte a los 44 años, enfermo pero muy lúcido que pudo aportar mucho más a la sociedad de entonces y a las futuras generaciones.

Así en una humilde cama y acompañado tan solo por dos de sus mejores amigos, Baruch Spinosa falleció, pero, sus escritos siguen vivos, continúan generando opinión, su rebeldía al estatus quo lo pago caro frente a una sociedad que lo desechó como uno de sus miembros.

Baruch Spinosa no aceptaba la tiranía de los políticos, ni de la iglesia católica en crecimiento: el cristianismo, que se imponía con terror y muerte, todo lo contrario de Jesús quien solo estuvo en la humanidad por 33 años para su mensaje de paz, amor y amarse los unos con los otros.

LOS ESENIOS

Al escribir o hablar de Jesús se tiene que mencionar también a los Esenios, una secta judía que nació en el siglo 2 antes de Cristo en Palestina se caracterizó por su pureza ritual, la vida comunitaria. Generalmente los relacionan a los rollos encontrados en el Mar Muerto en el desierto del Qram.

Sus testimonios se encontraron siglos después en esas cuevas en el Mediterráneo, esos que estuvieron ocultos por años en el sótano del Vaticano, hecho imperdonable de una jerarquía eclesiástica que se construyó en base a la mentira, la manipulación y el temor.

Las opiniones sobre la presencia de Jesús entre los Esenios siendo sinceros, no están nada claro, unos señalan qué si estuvo con ellos incluso sus 18 años perdidos, allí aprendió de su cultura, su misticismo y sus costumbres.

En otros lo niega, considerando que esa secta data de años anteriores a Jesús, e inclusive unos autores exponen que los Esenios lo confundieron con Juan Bautista, el profeta que años más tarde bautizaría al "hijo de dios" en las aguas del rio Jordán.

Es para nosotros importante mencionarlos porque, precisamente Jesús al igual que los Esenios predicó creencias e ideas comunales y religiosas que refleja en su ministerio en cuanto a la purificación y crítica del temple y mesianismo, rechazo a la autoridad sacerdotal corrupta como se comprueba con la expulsión de los mercaderes del templo.

Esos documentos que científicamente se comprobaron eran auténticos con data muchos años anteriores, en el marcado como el 4Q muestra similitud con pasajes del evangelio de Lucas.

Todas estas dudas, vacío de información, e inclusive contradicción entre unas y otras teorías o postura, la culpa nuevamente recae en una jerarquía eclesiástica, que oculto parte muy importante de la vida de Jesús, muchas otras borraron, otras permanecen aún ocultas en el sótano del

Vaticano donde reposan inmensos documentos que de salir a la luz cambiarían por completo, no solo la parte de la vida de Jesús, esos 18 años perdidos que para muchas religiones no hubo tal ausencia de sus tareas habituales como carpintero, sino que conociéramos los verdaderos evangelios como los de María Magdalena, Tomás, Felipe y Judas, entre otras conversaciones de Jesús con ellos y demás miembros de la sociedad de entonces, principalmente con los comerciantes, recaudadores de impuestos, gente del común a quienes habló de manera directa y sencilla.

Toda la responsabilidad sobre la diversificación de sus enseñanzas que permitió la cantidad de religiones, sectas y organizaciones religiosas que interpretaron la vida y sobre todo las palabras de Jesús a su convenir e intereses, recae en quienes en aquellos tiempos se encargaron de "armar" una religión de unificación territorial, escogiendo solo aquello que le es era favorables, tanto de sus palabras, como de sus testimonios y escritos terminando sometiendo a todos por el miedo, el terror a condenarse en un infierno o ser asesinado tal como sucedió, por ejemplo con la Inquisición, las Cruzadas y las llamadas Guerras Santas.

¡Qué horror! En verdad nos causa terror el saber que una Cúpula Eclesiástica en aquellos tiempos del emperador Constantino, en nombre de un dios, en nombre de un ejemplo como el de Jesús de amor, paz y perdón, lo utilizaron no solo para sostener poderes como el político y religioso, sino que lo lograron perpetuar hasta estos días donde millones siguen sometidos a aquello de un infierno en llamas que los esperan de no obedecer las reglas que ellos impusieron so pena de muerte.

En esos documentos conseguidos en el Mar Mediterráneo, en el Qram que llevaban 40 años escondidos en el Vaticano, hecho nada raro tratando de ocultar todo aquello que no les convenía, y que el cardenal Alejandro Albani, se los llevó al filósofo e investigador, Baruch Spinosa, guardaron manuscritos clasificados tales como: 127QM, las cartas auténticas de los apóstoles, escritas 30 y 40 años, escritas antes de Cristo; 203 QM: explica los milagros; el 301QM, el diario de Poncios Pilato, su conversación privada con Jesús; el 444QM, con las enseñanzas de Jesús; el 401QM con las profecías.

El manuscrito 203QM, explica Jesús los milagros, que son manifestación de las leyes naturales, y en la multiplicación de los panes fue la manifestación natural más profunda. También allí indica que la muerte es como un atardecer, el sol no desaparece, cambia de expectativa, pero somos aún parte de donde procedemos. De la resurrección dice que es el despertar de la conciencia. Que el Padre es la sustancia única.

Esos manuscritos del Qram, son las enseñanzas y prácticas de los Esenios "Yo y el padre somos los mismos porque todos somos de la misma esencia, Dios y la naturaleza son la misma esencia.

En tanto en el manuscrito QM 156 con las enseñanzas secretas de Jesús, explica la verdadera naturaleza de Dios Padre que no es una persona que vive separado de nosotros. Habló de la sustancia única que se expresa como montaña, ríos, animales, seres humanos, ustedes son Dios manifestándose desde infinitos puntos de vista.

Todo está conectado cuando lo comprendan te darás cuenta qué son completamente naturales.

Y el manuscrito QM334: La muerte y la resurrección son la misma esencia eterna, continuamos con la misma esencia que siempre fuimos. Resurrección: no es el regreso del cuerpo muerto, sino el despertar de la conciencia a su verdadera naturaleza inmortal.

QM 401: Profecías: Vendrá un tiempo donde mis palabras serán tergiversadas para crear una religión basándose en el terror y el miedo, dirán que soy el hijo de dios y que vine a morir por los pecados de otros cuando yo vengo a mostrar que no hay pecados, solo ignorancia, dirán que hay que adorarme, cuando enseño que hay que seguir mi ejemplo y despertar a su propia divinidad, pero también vendrá un tiempo que un hombre de gran sabiduría descubrirá esas verdades mediante la razón pura, este hombre será perseguido como yo lo fui, será declarado hereje, como yo fui declarado hereje, pero sus ideas sobrevivirán y preparara el camino para que el ser humano recupere mis enseñanzas que habrán sido robadas, se presume que ese individuo que iniciará el despertar de la conciencia, es Baruch Spinosa porque ha sido él quien científicamente demostró en ese siglo 17, que Dios y la naturaleza es uno solo, que la humanidad es la misma esencia, que la muerte como la creemos no existe, es solo un cambio de expectativa. Es decir, este filosofo se adelantó a muchos investigadores y nos colocó en el proceso del despertar en donde estamos en estos momentos y muchos más que ya lo entienden.

El manuscrito QM 455: Método para alcanzar la unión con el padre, explicaba paso a paso para aclarar el estado del padre amor intelectual de Dios.

Primer paso: contempla que tu cuerpo es parte de la naturaleza, hecho de los mismos elementos de las montañas y el cielo. Segundo paso: Entiende que tus pensamientos siguen leyes como el movimiento de las plantas. Tercer paso: Reconoce que tus emociones son efectos naturales, causas naturales, no de un dios. Cuarto paso: cuando vengas, todo incluyéndote a ti son un sistema infinito, inteligente, abras encontrado al padre

Baruch Spinosa, muchos siglos después de Jesús, al igual que él, descubrieron las leyes que gobiernan la espiritualidad que confirman que nada tiene que ver con la culpa o salvación religiosa. Tienen que ver con conocimiento, comprensión con el despertar intelectual nuestra verdadera naturaleza cósmica.

Por todos esos conocimientos y verdades lo execraron de la sociedad y del judaísmo. Jesús no fue el fundador del cristianismo, fue su primera víctima, sus enseñanzas reales, liberadoras, fueron secuestradas y convertidas en su opuesto, una religión de sometimiento intelectual y dependencia emocional.

Plantó la semilla de una revolución espiritual que liberaría a la humanidad del fundamentalismo religioso y científico.

De tal manera que los pergaminos, esos manuscritos escondidos y recuperados por los Esenios, en el Qram, según algunos investigadores considerando que en esas tierras donde fueron encontrados vivieron ellos por años con sus prácticas y costumbres estrictas y ceñidas a una gran espiritualidad.

Y cada vez nos queda más claro que aquel Concilio de Nicea en el 325 dC, bajo la dirección del emperador Constantino, con aquellos cardenales participantes, han sido falsos religiosos, mentirosos descarados mostrando un cristianismo a su gusto y placer, provocando un caos a lo largo del tiempo con el despertar lento, pero seguro, de la humanidad sobre la verdad de Jesús.

Creemos que estamos muy cerca de ese despertar que en cada oportunidad que tenía Jesús lo decía a sus discípulos, a sus amigos y a todos aquellos a quienes les predicaba, en unas ocasiones en forma de parábolas y en otras con un lenguaje directo, pero los orientó en la búsqueda de la verdad, del camino a seguir, y en estos difíciles momentos que vive la humanidad con amenazas de guerras, venganzas y odios, en la búsqueda de ese camino nos hemos convertidos en investigadores, buscando ese sentido a la vida de la que Jesús habló. Y muchos ya la trasmiten insistentemente, por las diferentes vías que nos ofrece la tecnología avanzada cada vez más.

Y llegará el día, cuando la rebelión de los millones de buscadores de esa verdad le exigirá la verdad, las pruebas escondidas en las cuevas del Vaticano, a las autoridades de las tantas religiones, sectas y organizaciones religiosas que han derivado de unas falsas y encubridoras enseñanzas como el cristianismo, la religión más extensa en el mundo.

Ya existe esa rebelión, por ahora silenciosa, despertando, investigando, escribiendo en cada oportunidad y medio que este a su alcance, pero ya está en camino y creemos que el Papa recién electo León XIV está al tanto de eso y realiza paso a paso, los primeros cambios según leemos en notas y escuchamos en comentaristas. El despertar mundial está cerca.

CONCILIO DE TRENTO

Entre los años 1545 y 1563, el cristianismo a consecuencias de sus prácticas corruptas, muy lejos de las enseñanzas de Jesús, tuvo su primera división en el Concilio de Trento, cuando el fraile alemán Martín Lutero, desafía a la Iglesia Católica bajo el papado de Pablo III, por sus prácticas sobre todo por el cobro de indulgencias para perdonar los pecados, hecho absurdo, corrupto y abusivo, dada la severidad de la acusación y el malestar entre los feligreses que comenzaron a seguir al fraile alemán con una división muy notoria, se reunieron en la ciudad de Trento, Italia y allí después de muchas deliberaciones, el grupo que seguía a Lutero al no aceptar las pretensiones del cristianismo sobre todo el pago por el perdón de los pecados y alcanzar el cielo, es decir la venta del cielo, se separaron. Así nació el protestantismo bajo sus propios dogmas, reglas y prácticas.

Esa religión fue en aumento a lo largo de Europa y hoy es una religión fuerte con sus propias normas y prácticas.

Lutero lógicamente fue expulsado, acusado de hereje, marginado totalmente, pero contando con muchos seguidores incluso quienes renunciaron al cristianismo en contradicción a las nuevas normas impuestas por la cúpula católica como prohibir el matrimonio a los sacerdotes, obedecer estrictamente a la iglesia, obligación de residir en la diócesis a los pastores y respetar los 7 sacramentos.

Este concilio de Trento dio pie a nuevas organizaciones religiosas por no coincidir en muchas de sus decisiones y exigencia

Las otras religiones seguidoras de Jesús y sus enseñanzas: calvinistas, luteranos, protestantes, Evangelismo, Bautistas, Anglicanos Pentecostales, adventistas de los 7 días, Testigos de Jehová, mormones, Ciencia Cristiana, Metafísica, islam (subordinan Jesús a Mahoma)

En esa lista faltan otros tantos que escapan a nuestra memoria, pero al final todos emigraron hacia otras religiones, incluso el islam, a pesar de que todas coinciden con la figura de Jesús como su guía y maestro o como lo desean llamar, pero es él, Jesús o Joshua como lo nombran otros, a quien siguen sus enseñanzas, principios y normas.

La razón para esa diversificación de las creencias y enseñanzas de Jesús, está en aquel Concilio de Nicea donde los jerarcas religiosos del momento y bajo la dirección de Constantino, no fueron legales con Jesús, ni con quienes fueron sus primeros seguidores: los apóstoles, gente del común de Galilea y pueblos vecinos como Capernaum muchos de ellos ya organizados, ya cumpliendo dogmas, conductas y costumbres que les cambiaron para imponer todo aquello que les convenía para mantenerse en el poder tanto político, como religioso. Utilizando el miedo, por un lado, y la ignorancia por el otro, estaba todo servido para que su falta de escrúpulos, de dignidad y conciencia los manejaran, los sometieran, con las lógicas consecuencias con el paso del tiempo y de nuevos pensantes como Martín Lutero que revolucionó a la Iglesia Católica.

LAS 12 MENTIRAS

¿Cómo saber hoy en día la verdad sobre la vida de Jesús de Nazareth cuando nos han mentido tanto?

Logramos captar algunas de las mentiras que las colocan en la vida de Jesús por aquellos que buscan el menor detalle para desprestigiar a quien merece no solo nuestro respeto y seriedad, sino nuestra confianza y fe. Mucho más en este mundo sumergido en su propia destrucción dejando a un lado sus palabras, su guía que serían la oportunidad de llevar la vida como debe ser en paz, con conocimiento dando crédito a una de sus enseñanzas: "la ignorancia es el peor de los pecados"

1.- Comenzaron las falsedades, mentiras y mitos, desde el mismo momento del nacimiento de Jesús. No hay fecha exacta, sin embargo, los entendidos en esas materias de ambiente, clima, estaciones y demás, han asegurado que el 25 de diciembre como así se decidió y se celebra tan importante fecha, no pudo ser considerando que en esa fecha Jerusalén está en pleno invierno, en el solsticio de invierno cuando el frío es tan fuerte que los pastores no sacan a sus ovejas, tampoco salen los campesinos y pobladores en general. Opinan quienes han investigado sobre el punto, que Jesús debió nacer en verano es decir a mediado de año, los Testigos de Jehová celebran en abril según es la fecha apropiada. Pero con certeza el 25 de diciembre no fue, esa fecha la escogieron tiempo después para opacar unas fiestas paganas con dioses falsos, según los rumores que van de boca en boca desde tiempo milenario.

2- Jesús vino a abolir las leyes, creencia que se regó en Galilea por su manera de expresarse sobre el poder de Dios y sus parábolas sobre la justicia, el perdón y la verdad que los hará libres.

Al contrario, Jesús siempre fue respetuoso de las leyes judías, nunca pensó en abolir leyes, no era esa su misión.

3.- María Magdalena fue su pareja. No hay evidencia de eso, ni los apóstoles, ni sus hermanos o cercanos, hablaron o señalaron sobre esa afirmación en algunos comentarios que surgieron tiempos después por aquello del evangelio perdido de Magdalena y las autoridades eclesiásticas del momento que buscaban desprestigiarla inclusive señalándola de prostituta, que nunca lo fue.

4.- Se dijo que Jesús era rico de cuna, porque en esos días el ser carpintero era gozar de buenas condiciones económicas. Todos comentan que una de las características de Jesús es su humildad en todo, en el vestir, comer y manera de ser y tratar sin distingos de clase social o educación. La familia de Jesús vivió sin lujos, modestamente.

5.- Jesús era un profeta. No lo fue, sencillamente fue un hombre sabio luego de las enseñanzas de preparación en sus 18 años lejos de su familia.

6.- Fue un líder político que venía a liberar a su pueblo del dominio romano, por eso lo apresaron y crucificaron. Falso, el nunca habló absolutamente nada sobre esa liberación de su pueblo, al contrario, en su momento señaló que había que darle al Cesar lo que es del Cesar y a Dios lo que es de Dios.

7.- Le decían el Mesías, pero no lo era. Mesías se le decía a líderes a quienes luchaban en campañas como líder de su tropa. Nunca tuvo ejércitos.

8.- Que no experimento dolor porque era el hijo de Dios. Con su pasión y muerte demostró que fue un hombre como todos, sintió terribles dolores en su camino al Calvario.

9.- Que aprobaba la violencia para defender su causa. Jamás, Jesús expresó alguna palabra, gesto o acción de fuerza para imponerse. Fue pacifista por excelencia.

10.- Que no regresará como lo dijo. Sus palabras fueron: "vendré al final de mi obra redentora". Tendremos que seguir esperando y ver el cumplimiento de su promesa.

11.- No hizo milagros, todo fue símbolos y mensajes. Los testimonios sobran, los testigos así lo manifestaron, sus milagros fueron notables que aún hoy asombran al mundo.

12.- No fue creado por Dios. Todo queda en estas palabras: "El Verbo se hizo carne".

LA CRUCIFIXION

A estas alturas de este escrito tratando de mostrar la otra cara de Jesús de Nazareth, hemos llegado a la Crucifixión y nuevamente tomamos en consideración al filósofo holandés Baruch Spinosa, quién en aquellos tiempos de Inquisición sin temor a ser asesinado en una hoguera por hereje, demostró hechos sobre la Biblia y la vida de Jesús que después de más de 3 siglos salen a la luz para cambiarnos los conceptos, las creencias y hechos que dimos por verdaderos.

Nuevamente Spinosa, afirma que la Crucifixión de Jesús no fue como la señalan las escrituras, pone en dudas todo explicando varias fallas, incongruencias y contradicciones.

Comencemos por explicar cómo fue ese lamentable proceso por el cual pasó el Nazareno, un hombre que se negó a liberar a su pueblo del régimen romano como se lo manifestó su propia madre cuando ella le insinuaba que aprovechara su liderazgo para enfrentar al imperio romano y sacar del yugo a Judea, respondiéndole Jesús, que esa no era su misión, sin embargo, fue apresado porque según los políticos, ponía en peligro al imperio considerando sus palabras al hablar Jesús de "su reino", palabras mal entendidas, y ordenaron su captura el día y el momento que el propio Jesús sabía desde un inicio por eso la última reunión con sus apóstoles fue la noche anterior en una cena organizada por Juan y Pablo por instrucciones del propio maestro, en un amplio salón que luego se conoció como el Cenáculo en honor a la llamada "última cena" tal como se le conoce desde entonces.

El Cenáculo estaba ubicado en el Monte Xeon, en el huerto de Getsemaní, de allí lo llevaron donde Caifás el sumo sacerdote quien lo juzgo por cargos políticos por sedición contra el imperio.

El propio Caifás lo remite al gobernador Poncio Pilatos en la sede de la gobernación en Jerusalén.

En este punto, el filósofo Spinosa en su análisis comprobó que tanto traslado de Jesús de un sitio a otro, a diferentes distancias, además del tiempo en la gobernación donde es torturado con azotes innumerables, la colocación de la corona de espina y demás golpes de los soldados, no le cuadraban los tiempos para hacer todo en un día.

Dato curioso indica que tanto el juicio, como la crucifixión se realizaban en varios días, no como lo señalan las escrituras, ese proceso fue más largo.

Agrega Spinosa que la presencia de Jesús donde Pilatos no fue corta, comenzando que allí ellos conversan ampliamente, y al pronunciar Jesús unas de sus palabras como "mi reino vendrá" lo regresó al patio del palacio donde nuevamente es torturado y al volver ante la presencia de Pilatos, quien lo considera inocente por las conversaciones entre ellos que, más tarde se dieron a conocer, se lavó las manos dejando la decisión en un pueblo que lo sentenció a muerte.

Spinosa luego señala que los apóstoles no estuvieron presentes en ese momento porque temían ser crucificados también encontrándose escondidos, de tal manera que no fueron testigos de los últimos momentos de Jesús, no podían opinar sobre hechos que no presenciaron, ni escucharon.

Allí en ese momento según la biblia quienes sí estuvieron en todo momento incluso cuando lo bajan de la cruz, fueron las mujeres: María su madre, María Magdalena, la samaritana y otras más amigas de la familia y lógicamente aquellos curiosos para ver al "Mesías" en sus últimos momentos. ¿Pero los apóstoles? A ninguno lo mencionan, no presenciaron, no tenían entonces la información u opinión para escribir un evangelio sobre ese momento.

Agrega Spinosa, qué según las costumbres del momento, a los sentenciados a morir clavados, no era en forma de cruz, sino sobre un solo palo con los dos brazos hacia arriba.

Su muerte no pudo ser tan rápida como lo señalan porque era del conocimiento de todos, que la muerte era lenta, las personas clavadas tardaban hasta dos días para finalmente morir. No fue así lo de Jesús según las escrituras, su muerte fue rápida.

Así mismo explica el filósofo Spinosa que Barrabas no aparece en la Biblia, Entonces, ¿quién escribió ese detalle?

Otro punto que explica es el hecho que según la biblia para comprobar que ya Jesús está muerto, brota sangre y agua del costado por la acción de la espada del soldado. de un cuerpo muerto no brota sangre, es falso.

Lo más relevante de este planteamiento de Baruch Spinosa fue que esos evangelios se escribieron entre 40 y 70 años después de esa crucifixión. Los evangelios fue una construcción simbólica y donde los apóstoles tenía un sentimiento diferente: Lucas era compasivo, Mateo mesiánico, Marcos sufrido

Todo bien planificado, estudiado y ejecutado por quienes acomodaron toda la historia de manera de hacerla no solo creíble, sino creando el sentimiento de culpa en los creyentes y de esa manera dominarlos sentimentalmente y más tarde con los dogmas y creencias remataron el dominio sobre los creyentes que por siglos mantienen a la religión más extendida en el mundo: el cristianismo.

De la opinión de JJ Benitez en relación con este terrible acto en contra del hombre que solo habló de amor, paz y conocerse a sí mismo, señala con su siempre claridad y sin resquemores que la Jerarquía de la Iglesia Católica escoge a un Jesús muerto, bañado en sangre colgado de una cruz como la insignia, el "logotipo" diríamos en este era moderna, de la religión cristiana.

Opina y coincidimos con JJ Benitez, que a ¿quién le gustaría tener a un hijo, a un familiar, de esa manera mostrándolo en cuadros o en adornos estando muerto, bañado en sangre, casi desnudo, y clavado en una cruz inspirando lástima, tristeza?

Así lo muestran frente a los creyentes, para hacerlos sentir "culpables" de aquel triste acto de su pasión y muerte, por culpa de nuestros pecados.

Inventos de esas mentes algo insanas, del Concilio de Nicea por sus aspiraciones desbocadas por poder y riquezas.

Con esa lástima y pesar veía nuestra madre, tías y abuelos, aquella imagen de Jesús, de allí que coincido con Baruch Spiosa y JJ Benitez, que todo fue fríamente calculado no dejando a un lado ningún detalle, incluso la imagen que por siempre tendrán del líder, del guía espiritual que murió por todos para salvarnos de nuestros pecados y aspirar el cielo.

No era suficiente una cruz, sencillamente una cruz como demostración de fe y obediencia, no, tenían que mantener viva la imagen de cómo fue su muerte y colocarla en la parte más altas de los altares de las iglesias recodando constantemente el sentimiento de culpa entre los feligreses humildes e incautos.

Ahora bien, tratando de ser lo más amplia en esta parte tan crucial en la vida de Jesús transcribiremos el juicio que realizaron ante Pilatos, que según ya hemos leído en anteriores relatos, siempre lo consideró inocente, pero dejó en manos de los jerarcas sacerdotes la decisión quienes decidieron castigarlo y crucificarlo:

Obra de Nicodemo: Evangelio apócrifo de origen medieval, del siglo IV DC:

Jesús es llevado ante Pilatos por lideres judíos que lo acusan de múltiples delitos:

De nacimiento deshonroso, que fue concebido sin pecado, burlándose de su madre María y José.

Que realizó milagros "por magia" señal de ser un hechicero.

Así mismo de violaciones religiosas al profanar el sábado realizando sus curaciones ese día.

Pilatos declara que lo quieren juzgar por esos buenos hechos y dice que no encuentra ser digno de muerte por eso. Declara su inocencia ante la multitud.

Pilatos le pregunta si es él rey de los judíos, Jesús le responde: "Mi reino no es de este mundo, yo he venido a dar testimonio de la verdad"

Pilatos le dice, ¿cuál es la verdad?

Jesús le responde: "La verdad es del cielo, los que dicen la verdad son juzgados por los que tienen poder en la tierra".

Es cuando Pilatos no consigue ningún delito en él y delega en los judíos su sentencia:

Dicen los judíos, que "si no fuese un brujo no te lo hubiéramos entregado".

Jesús dijo: "puedo destruir este templo y reconstruirlo en tres días".

Y vino allí el veredicto: ¡Que su sangre sea sobre nosotros y nuestros hijos!

Es allí cuando Pilatos se lava las manos diciendo: "Soy inocente de esta sangre, vosotros vedlo" Decide que Jesús sea azotado antes de ser crucificado sometiéndolo a la burla y humillación pública.

Dijo Pilatos: Les ordené azotar al Señor según las leyes y luego colgarlo en la cruz.

Jesús es azotado, golpeado con varas hasta cumplir la expresión de la sentencia impuesta.

Después del juicio, la multitud pidió sangre, Pilatos sabiendo que no era culpable cedió la presión al Sanedrín entrego al maestro frente a esa multitud que pedía castigo.

Los soldados lo despojaron de sus vestiduras, lo ataron a una columna y descargaron sobre su cuerpo látigos trenzados hasta que su carne se abrió en llagas. Cada golpe no era solo látigo sino el intento brutal de destruir aquello que no podían: la luz que habitaba en él.

Jesús nunca gritó, no se defendió, su silencio no era resignación era poder de una conciencia que trasciende el miedo y el propio cuerpo.

Luego en burla cruel le colocaron una corona tejida de espinas, símbolo de la humillación, pero también de realeza espiritual. Lo vistieron con un manto púrpura, le pusieron una caña como cetro y arrodillaron gritándole: "Salve rey de los judíos".

Lo obligaron a cargar su cruz paso a paso caminó con empujones caía y lo obligaban a levantarse. En el trayecto una mujer corrió hacia él, le limpio su rostro y un extranjero Simón de Cirene lo obligaron a que lo ayudara a levantarse.

Cuando llegaron al Gólgota lo clavaron en la cruz, donde pronunció sus últimas palabras, el cielo oscureció, en el templo se rasgaron las vestiduras del altar y la tierra tembló, desatando el terror entre los judíos que presenciaban el final de sus días.

Esta pasión de Jesús no solo es un acto de sufrimiento profundo físicamente, fue una revelación espiritual, mostro como enfrentar el dolor sin odio, las injusticias sin violencia, la muerte sin miedo.

Su muerte fue para la humanidad como una lámpara encendida en medio del viento.

Cada castigo, cada dolor fue una enseñanza eterna: el Reino de Dios no es impone, no se obliga, no se amenaza con infiernos, se revela en el corazón de quienes despiertan siendo esa la intención, la lección de todo ese sacrificio humano de un Jesús admirable, hermoso, a quien le alteraron tanto la intención de su vida en la tierra, como sus enseñanzas lejos de cuatro paredes, que donde están es el corazón, en el espíritu de cada uno a la espera de ser revelado.

RESURRECIÓN

Siendo este hecho: La Resurrección, la base donde se sostiene la esperanza de una mejor vida, de un cielo si te portas bien e incluso un infierno si haces lo contrario, para los tantos cristianos que están regados por el mundo, es la resurrección la prueba de la victoria de Jesús sobre la muerte, entonces ¿cómo es posible que no haya una sola verdad, una certeza sobre la ubicación de la verdadera tumba de Jesús? ¿Dónde fue sepultado antes de su resurrección? Se dice que fue José de Arimatea su abuelo quien facilitó una sepultura nueva.

Mateo 27: 57-60 señala: "José de Arimatea pidió el cuerpo de Jesús y bajándolo de la cruz, lo envolvió en una sábana limpia y lo puso en su propio sepulcro nuevo, que habría labrado en su peña."

Pedro de Arimatea era rico, noble y miembro de Sanedrín, aunque no estuvo de acuerdo con la condena de Jesús, colaboró con Nicodemo en el entierro.

Cabe destacar que eso de haber sido el abuelo de Jesús, no se dice en ningún escrito serio, es una tradición esotérica moderna o simbolismo, pero no tiene base en los evangelios u otras escrituras.

La primera edificación que se hizo de la iglesia del Santo Sepulcro fue en el siglo IV y otras remodelaciones se le han hecho siendo la última en el 2016 donde se encuentra el Edículo, la capilla, la tumba de Jesús.

Pero exactamente nadie ha demostrado el lugar exacto donde Jesús fue sepultado, pero la cúpula de la iglesia mantiene ese lugar como uno de los centros turístico más visitado del mundo en Jerusalén, de allí el interés por mantenerlo en las mejores condiciones, pero sin demostrar que fue allí donde exactamente lo sepultaron, ni los mejores arqueólogos han podido encontrar ese lugar que sería la más significativa creencia del cristianismo.

Es decir, la jerarquía, la cúpula de la iglesia católica, ha logrado por siglos mantener viva sus creencias sobres mentiras, manipulación y repetición en todo ese tiempo.

Volvemos al inicio del libro, las palabras del Papa Francisco ya en sus últimos momentos: "Todo ha sido mentiras".

Nosotros nos imaginamos que esa jerarquía que se encontraba toda en el Vaticano para el conclave y elegir su sustituto, esa noche ellos no durmieron, pensando como cambiar esas palabras, que no transcendieran porque es la primera "piedra" para que muchos se hagan esa pregunta, investiguen y entender lo que Francisco quiso decir llegando al fondo de lo que tarde o temprano será ese conocimiento, ese saber de las verdaderas enseñanzas de Jesús.

Esas palabras hicieron temblar las bases del Vaticano el gran receptor de todos los misterios, mentiras, componendas y demás barbaridades, para mantener el sistema evitando el despertar de la humanidad.

Recordemos qué bajo la conducción del Vaticano de Francisco, se destapó uno de los escándalos de corrupción y sexo dentro de ese "recinto sagrado" que ya existían cuando asumió, él buscó cambiar toda esa barbaridad y en parte lo logró a pesar de la resistencia de varios cardenales.

Ahora bien, retornando sobre la resurrección, exponemos la interpretación literalmente, Jesús murió en la cruz, en eso estamos claros y entendidos, según citas de sus apóstoles por ejemplo de Mateo que señala: "Él está aquí, ha resucitado, como dijo. "Venid   ved el lugar donde fue puesto". 28:6

"Tocadme y ved, un espíritu no tiene carne ni huesos, como veis que yo tengo" Lucas:24:39

Esas son las versiones defendidas en los concilios de Nicea y Calcedonia considerado como artículo de fe en el cristianismo ortodoxo.

Sin embargo, ya sabemos cómo se manejó todo en esos concilios que buscaban armar una religión no solo para unificar el imperio romano, sino para estructurar una religión que permitiera dominar a todos aquellos que se sumaban al mensaje de Jesús y se podrían salir de su control, considerando que su número crecía de manera extraordinaria.

Considerando la parte mística o espiritual, no se niega la resurrección, pero se interpreta de forma interior, transformadora.

Jesús no "volvió a la carne" como antes, sino que se manifestó en un cuerpo de luz o cuerpo espiritual.

Se podría interpretar que lo importante no es el fenómeno físico sino el mensaje eterno: la conciencia crística no puede morir.

Así lo podemos leer en textos gnósticos: "No mires la carne con los ojos de la carne, sino con los del espíritu. (Evangelio de Felipe) o el de Tomas (logion 56): "Aquel que ha conocido el mundo ha encontrado un cadáver, y el mundo no es digno de quien ha hallado al Viviente"

Desde ese punto de vista, la resurrección es el símbolo del despertar interior. Jesús "resucita" en el alma de cada ser humano que se trasforma desde dentro, que vence su ego, su miedo, su muerte interior.

Esa es la posición de los místicos, los gnósticos, pero también hay la postura de muchos estudiosos en todo lo que concierne a Jesús como Bart Ehrman, John Dominic Crossan o el de Jesús Seminar: Jesús murió realmente en la cruz y no resucitó físicamente.

Sus seguidores traumados por su muerte comenzaron a tener experiencias interiores o visiones que interpretaron como apariciones. Y en base a eso, construyeron la narrativa de la resurrección, como expresión de fe y esperanza.

Si consideramos todas esas posiciones, la resurrección es una creación teológica, no un evento físico, pero si tiene un valor simbólico muy poderoso es la victoria del mensaje de Jesús sobre el miedo y el poder del imperio.

Veamos ahora como interpretan los esotéricos que lo señalan como transmutación del alma, así aparece en la alquimia espiritual, el hermetismo y en algunos textos apócrifos.:

Jesús no regresó con un cuerpo común, sino con un cuerpo glorioso o cuerpo de resurrección.

Esa resurrección es la culminación de una iniciación espiritual: morir al mundo, pero vivir el espíritu: "El alma que ha muerto a lo sensible y ha nacido a la verdad, es inmortal en Dios" (Corpus Hermeticum).

"El sabio que ha vencido el deseo y el miedo, ya no muere, vive en la eternidad aun estando en el cuerpo" (Bhagavad Gita)

Entonces podríamos concluir de nuestra parte, que la resurrección de Jesús fue no solo el regreso de un cuerpo a la vida. Fue la afirmación de que la conciencia divina, una vez despierta, no puede morir. Fue la confirmación de que el reino no está fuera, sino dentro. La resurrección fue el símbolo supremo de que todo ser humano puede renacer en la luz, más allá del cuerpo y del tiempo.

LA INQUISICION

Para una jerarquía de la Iglesia Católica no fue suficiente engañar, mentir, manipular, cercenar textos y demás para cuadrar una religión a su poder e intereses basada en la figura de Jesús 300 años después de su muerte, para imponer una religión, sino que luego años más tarde, implementaron la pena de muerte para quienes no obedezcan al Papa y sus decisiones, seguidas al pie de la letra por el poder político que va de la mano con el poder religioso creando la Inquisición, el horror más terrible comparado con Hitler en la persecución de los judíos.

Así en el año 1.231, el Papa Gregorio IX, formalizó la Inquisición delegando a sus subalternos en este momento en Francia el cumplimento estricto.

Luego en 1.478 hasta el 1.834, los reyes de España Isabel II de Castilla y Fernando II de Aragón la impusieron siendo Sixto IV el Papa.

Todo aquel que no profesara la religión católica era quemado en la hoguera en las principales plazas de las ciudades o pueblos, otros torturados hasta fallecer y así cualquier castigo que se les ocurriera.

En Roma, donde se inició la religión cristiana después del Concilio de Nicea, se impuso esta terrible medida en 1.542

al 1.908 durante la Contrarreforma enfrentando al protestantismo de Martín Lutero, siendo Pablo III el papa.

En el cumplimiento de esta medida cayó Galileo Galilei por sus teorías científicas contrario a la doctrina.

La Inquisición Portuguesa se aplicaba a los contrarios y la población toda era rigurosamente vigilada censurando libros, y vigilando la moral de las personas. Terminó en 1.821 afectando a Brasil como colonia conquistada.

Los muertos por esta decisión se cuentan en miles, en España la peor de todas se estima hoy luego de las investigaciones, en unos entre 3.000 y 5.000 asesinados sencillamente por no obedecer a los jerarcas de la iglesia que les exigía fidelidad plena. ¡Que horror!

Mientras que en Italia se dice fueron cerca de 1.000, siendo menos rígida.

O sea, la unión de los dos poderes: Político y Religioso se han encargado de imponer el catolicismo a su medida. Unidos son terribles y así lo han sido, basándose en una figura como Jesús de Nazareth que solo habló de "amaos los unos a los otros", "perdonar, poner la otra mejilla", y mensajes que han desvirtuado por mantener el control de los pueblos.

De tal manera que la Inquisición fue un sistema judicial eclesiástico instaurado por la iglesia católica para perseguir, juzgar y castigar a quienes consideraban herejes, es decir personas que se apartaban de la doctrina oficial, aunque se la justifico como defensa de la fe, en la práctica se convirtió en un instrumento de represión, control social y político alejado por completo del mensaje original de Jesús.

Se inició en el sur de Francia para combatir a los Cataros y Valdenses, grupos cristianos disidentes que predicaban un cristianismo más puro y espiritual.

En 1231 el papa Gregorio IX fue quien institucionalizo la Inquisición Papal, la brillante idea que fue la antítesis de un Jesús sublime y amoroso.

Luego en 1478 se funda en España por los reyes católicos aprobado por el Papa Sixto IV, fue la más cruel y duradera, estaba no solo contra los herejes, sino también contra los judíos conversos, musulmanes y cualquier sospechoso de prácticas ocultas o disidencias.

En Roma se inició bajo el papa Pablo II fue uno de los pilares de la Contrarreforma destinada a frenar el avance del protestantismo.

Funcionaba a través de denuncias anónimas, cualquiera podía acusar a otro. Por detención y aislamiento el acusado era acusado sin derecho a la defensa.

Torturas: Para lograr confesión era permitido como medio de prueba.

Juicio secreto sin jurado. Sin transparencia, bajo control eclesiástico. Castigos: penitencias públicas, condena a muerte en la hoguera, ejecutada por orden de Dios.

Se estima que entre 40 mil y 100 mil personas murieron a manos de los inquisidores sin embargo se dice que el numero fue mucho mayor. ¡De terror!

La sociedad sometida a una cultura de control mental y del terror espiritual. Fue una pérdida total de pensamiento se reprimió a la ciencia, la filosofía, y la espiritualidad alternativa (místicos, gnósticos, alquimistas)

Fue el desprestigio moral de la iglesia profundamente manchada hasta estos días.

Jesús nunca obligó a creer, jamás usó la violencia, mucho menos condenó a los pecadores, su mensaje hermoso de paz, amor, libertad y espiritual.

"Conoceréis la verdad y la verdad os hará libres" (Juan 8:32).

La Inquisición fue lo opuesto: buscó imponer una verdad única, oficial, mediante el castigo, en lugar de liberar almas, las encadenó al miedo, siempre el miedo.

Muchos de los que fueron llamados herejes, eran buscadores de Dios por otros caminos, algunos como los Cataros, los místicos o las mujeres sabias, vivían con más fidelidad al espíritu de Jesús que quienes los condenaban.

La Inquisición terminó en el siglo XIX, pero realmente aún vive en esa historia del cristianismo donde nunca podrán borrar lo sucedido, eso está en la mente de todos pasando de generación en generación como la hoja oscura de una religión que utilizó a Jesús como excusa para mostrar el lado oscuro de la humanidad.

El perdón que pidió Juan Pablo II en el año 2000 pero, no fue suficiente, son uno de esos errores imperdonables, son daños irrecuperables.

Se podría decir que la Inquisición persiguió a Cristo en su propia gente.

No fue un error aislado, fue una traición estructural al mensaje de Jesús. Nunca predicó con violencia, con espadas, ni con hogueras, ni con castigos. Su única manera fue el amor a través de sus palabras, su única doctrina fue la compasión, su unido juicio fue el de la conciencia,

La Inquisición no fue solo represión, fue la negación del derecho a buscar a Dios en libertad. Fue un invento de sofocar el despertar espiritual, el mismo despertar que deseo mostrar en estas mis humildes opiniones luego de tantas experiencias, investigaciones y falsas creencias de quienes dirigen a la iglesia. Busco el despertar interior, la conexión directa con el divino, sin intermediarios autoritarios.

La Inquisición fue un grito de miedo del poder ante la libertad de espíritu, pero la llama de la verdad no se apaga con hogueras, si Jesús resucitó, fue también para liberarnos de las cadenas del fanatismo, de la culpa y del temor. El verdadero reino de Dios no necesita verdugos, sino corazones despiertos.

Cuando la religión pierde el alma se convierte en poder, deja de ser camino y se vuelve prisión

Aquí viene mi pregunta: ¿por qué no se han realizado más Concilios desde aquel realizado en el Vaticano entre los años 1962 al 1965?

Como ya hemos dicho, los Concilios, el primero de ellos, el de Nicea, en el año 325 dC, solo eran convocados para hacer los cambios que según esa cúpulas religiosas y políticas tenían o debían hacer para no perder el control de las masas, de la humanidad y así vemos, como lo señalamos, los cambios que se hacían para el cumplimiento de una religión que los salvaría del infierno y en todo caso también, de no ser asesinado en una hoguera en las plazas de los pueblos con solo sospechas de desobediencia.

A lo largo de los años han sido 21 concilios, el ultimo realizado en el propio Vaticano entre los años 1962 y 1965. Los cambios en cada uno de ellos, a capricho e interés de esas cúpulas que ya los especificamos.

Entonces ¿por qué no se han realizado más? ¿Será por qué desde hace algunos años sobre todo entre los años 70 y 80, los pueblos han ido despertando, analizando, haciéndose preguntas, tal como nos sucedió con apenas 12 años estudiando en un colegio de monjas, siendo ahora más difícil manipular, por no decir engañar, a los seguidores del entonces cristianismo?

A ese despertar de unos conceptos y dogmas religiosos contrario a las palabras de Jesús, tenemos que agregarle, el avance de la tecnología, del internet que ha facilitado la publicación de cuantos escritos han surgido a través de los siglos, iniciándose ese primer despertar de la humanidad entendiendo cómo funcionan los poderes políticos y religiosos, creando un movimiento silencioso y un tanto anónimo sobre lo que podríamos llamar la "contra religión" tal como estaba concebida y sobre el cual no han podido convencer, doblegar como lo hicieron con gran facilidad en esos inicios de un cristianismo impuesto por un emperador como Constantino, ambicioso y una cúpula religiosa que se prestó para dominar, pacificar y callar a los pueblos de entonces donde ya comenzaba a florecer y resonar las palabras de paz, amor de unos a otros, busquen a dios dentro de ustedes, que repetía Jesús de Nazareth, lo asumieron como el líder que necesitaban para lograr su objetivo y mantenerse en el poder.

Se acabaron los concilios como tal, pero siguen dominando y doblegando a cientos de pueblos, ahora de manera más sutil interpretando las enseñanzas de Jesús a través de los evangelios que los favorecen, que los pueden interpretar a sus propias ideas e intereses, pero aquellos que sabemos existen y son con otros pensamientos y guías de él, han sido obviados, buscan olvidar en la mente de la humanidad a pesar de que ya en muchos está sembrada esa semilla de la duda, de preguntas sin respuestas, de hechos ilógicos, respuestas y explicaciones que ya las tienen a la mano de voceros más entendidos, varios de esos que nos han ayudado a mostrar la otra cara de Jesús, así se busca mantener la duda, el nuevo conocimiento y revelar la gran verdad que llegará el tiempo de ser aceptada por esa iglesia, por esa cúpula que vive en palacios confortables, que casualidad lo contrario a la humildad de Jesús, ¿no es eso un detalle que los delata como falsos cristianos, seguidores de Jesús de Nazareth?

Nos falta mucho por revelar verdades en la vida, enseñanzas y ejemplo de Jesús de Nazareth y mientras muchos no estarán de acuerdo con nuestra posición por aquello de haber nacido en un país de cristianos, en un hogar cuya madre ha sido el vivo ejemplo de una práctica del cristianismo puro y duro y sencillamente porque fui bautizada por unos sacerdotes que cumplen con su función de mantener viva la causa que los mantiene en el poder, seguiré adelante, así me lo dicta mi conciencia, mi entendimiento y mi propia razón, seré un granito más en este movimiento de lo que he llamado la "contra religión". Será un desperdicio qué siendo periodista para investigar, poeta para inspirarme en el amor y escritora en mis últimos años, no exponer estas mis verdades que son la de muchos y tarde o temprano, llegará el despertar total en un Jesús que nos dijo: "busca dentro de ti y me encontraras", no en una iglesia de bloque y cemento, no en rigurosos mandatos ordenados por quienes son lo contrario de un Jesús humilde, amoroso, inclusivo y sincero.

L

"Ama a tus hermanos como amas a tu alma, protégeles
como si fueran las pupilas de tus ojos"

PALABRAS Y ENSEÑANZAS DE JESUS

Hemos presentado palabras de las personas más cercanas a Jesús, como fueron sus apóstoles incluyendo a María Magdalena, ellos en sus evangelios han expresado parte de sus enseñanzas que muchas no aparecen textualmente en esas publicaciones, considerando que precisamente queremos mostrar la otra cara, las otras palabras más profundas donde da camino a seguir, dónde explica la parte mística, gnóstica, que son de un conocimiento profundo, base del camino que nos conduce al despertar, al cambio mental, muy diferente a las enseñanzas que hemos recibido de nuestros padres, amigos o familiares, como ha sido en nuestro caso con monjas que nos inculcaron el temor para seguir por obligación a un dios que no lo entendimos como un ser castigador y casi vengativo.

Son estos algunos de los tantos textos localizados en los papiros del Nag Hamadi en el año 1945 y pasaron de mano en mano hasta que en el año1955 fueron publicados.

Creemos que, como nosotros, hay cientos y miles de cristianos que, siguiendo a Jesús, aún no saben dónde está el cambio en sus palabras y enseñanzas que no están en los evangelios.

Igualmente se preguntarán ¿dónde está esa otra cara de Jesús luego de mostrar lo referente a la formación y construcción de una religión hecha a la medida de los intereses políticos y religiosos?

Son mensajes profundos si, difíciles para entender si, para reflexionar si, analizarlos, definitivamente sí, pero esas son sus palabras tal como les habló a sus seguidores en las últimas reuniones que sostuvo con ellos, quienes serían los encargados de difundirlo todo buscando que la humanidad entienda que el despertar del cual habla no está en las iglesias de cemento, porque son palabras buscando el dios que llevamos dentro y de aquello que les dijo en varias oportunidades: "El Reino de Dios está dentro de vosotros".

No es nuestra intención restarles importancia a los evangelios canónicos, los respetamos, pero hay muchas más enseñanzas de Jesús que no se pueden quedar ocultas, que complementan, adicionan a cada uno de esos evangelios escritos según por ellos sus 12 apóstoles.

Para nosotros tampoco ha sido fácil entender de inmediato aquellos mensajes profundos, sabios de Jesús, solo nos llevó a meditaciones, reflexiones y finalmente al entendimiento, al camino del despertar del cual nos habla y es el fin para entender el sentido de este tránsito en el cual estamos que llamamos vida.

**** El que tiene conocimiento de la verdad, es libre, pero el hombre libre no peca, pues quien peca, es esclavo del pecado.

**** Cuando la perla se tira al barro no por ello pierde su valor, ni se hace más preciosa porque se la trate con ungüento de bálsamo. Sino porque a los ojos de su poseedor,

141

conserva siempre su valor. Se puede comparar con los hijos de Dios, en cualquier parte que estén, tienen siempre valor a los ojos de su padre.

**** Jesús dijo "La Luz habita en la luz"

Tomás habló diciendo: "Señor ¿por qué está luz visible que brilla sobre la gente aparece y desaparece?

El Salvador dijo: "Bendito Tomás, esta luz visible brilla en ti no para mantenerte aquí, sino para hacer que te marches. Cuando todos los elegidos aparten a un lado su naturaleza animal, esta luz se retirará al reino de su ser y su ser la recibirá bien debido a su buen servicio.

**** Yo dije:" Señor, ¿dónde irán las almas de las personas que una vez tuvieron conocimiento, pero luego se alejaron de él? El me dijo: "serán conducidos al lugar donde van los ángeles despreciables, en el cual no hay arrepentimiento. Se mantendrá allí hasta el día en que los que han blasfemado contra el Espíritu serán juzgados y castigados eternamente.

**** El me dijo." Juan, Juan, ¿por qué dudas? ¿Por qué temes? ¿No te es familiar esta figura, ¿verdad? Entonces ¡no temas! Yo estoy siempre contigo. Yo soy el Padre, Yo soy la Madre. Yo soy el hijo. Yo soy el inmaculado. He venido a hablarte de aquello que es y que ha de venir para que entiendas lo que es invisible y lo que es visible; y para instruirte sobre el hombre perfecto. Levanta pues hora tu cabeza para que entiendas lo que voy a decirte hoy, y para que puedas contar esas cosas a tus amigos espirituales que son de la raza inquebrantable del hombre perfecto.

**** "Pues la perfección es majestuosa: es pura e inconmensurablemente grande. Él es el mundo que produce un mundo, la vida que produce vida, el bendito que otorga bienaventuranza, el conocimiento que regala conocimiento, el Benigno que regala bondad, la misericordia que regala misericordia y redención, la gracia que otorga gracia. No es que sea realmente, sino que da luz inconmensurable e incomprensible.

**** Yo dije: "Señor, ¿dónde irán las almas de estas personas cuando dejen la carne? El sonrió y me dijo: "El alma que tiene más poder que el espíritu despreciable es fuerte. Escapa del mal y mediante la intervención del imperecedero es fuerte. Escapa del mal y mediante la intervención del imperecedero, se salva y es llevado al reposo de los eones".

**** El dijo: "Quien halle el sentido de estas palabras no probará la muerte."

**** Jesús dijo: "El que busca no debe dejar de buscar hasta que lo haya encontrado. Y cuando encuentre quedará perturbado, y tras su perturbación se asombrará y reinará sobre todo el universo"

**** Jesús dijo: "no dudará un anciano de gran edad en preguntar a un niño pequeño acerca del lugar de la vida y esta persona vivirá. Pues muchos primeros serán los últimos y terminarán siendo uno solo".

**** "Reconoced lo que está en frente de vuestra vista y se os hará claro lo que se os oculta. Pues nada hay escondido que no llegue a ser revelado"

**** Jesús vio unos bebés que estaban siendo amamantados, dijo a sus discípulos: "estos bebes que maman se parecen a quienes entran en el reino". "Cuando hagáis que los dos sean uno, cuando hagáis lo interior, como lo exterior; y lo exterior como lo interior, y lo de arriba como lo de abajo. Cuando hagáis de lo masculino y lo femenino una sola cosa, de manera que lo masculino deje de ser masculino y lo femenino deje ser femenino; cuando hagáis ojos que sustituyan el ojo y una mano que reemplace una mano, y un pie que sustituya al pie y una imagen que remplace la imagen, entonces podéis entrar en el reino.

**** "Lo que escucháis con los oídos, pregonadlo desde vuestro tejado, porque nadie enciende una lampara y luego la pone bajo una cesta o en una esquina escondida, sino que la pone sobre el candelero para que todos los que vayan y vengan, vean su luz.

**** Jesús dijo: "Estuve en medio del mundo y me mostré a ellos en carne. Los encontré a todos borrachos y no encontré a ninguno con sed. Mi alma sintió dolor por los hijos de los hombres, porque son ciegos en su corazón y no ven que han venido vacíos al mundo y vacíos intentan otra vez salir de él. Pero ahora están borrachos, cuando estén sobrios se arrepentirán.

**** Jesús dijo: "Ves la paja que está en el ojo de tu hermano, pero no ves la viga en tu propio ojo. Cuando hayáis quitado la viga de tu propio ojo, entonces verás sacar la paja del ojo de tu hermano.

**** Jesús dijo: "Ama a tu hermano como amas a tu alma, protégele como si fuera la pupila de tus ojos"

**** Sus discípulos dijeron: "Muéstranos el lugar donde vives pues deseamos encontrarlo.

Les dijo, "El que tenga oídos debe escuchar: en el interior de un hombre lleno de luz por lo cual él ilumina todo el universo, si su luz no brilla, hay tinieblas.

**** Jesús dijo: "si vuestro guía os dijere: He aquí, el reino está en el cielo, entonces las aves del cielo llegarían allí ante que vosotros. Y si os dicen: está en la mar, entonces los peces llegaran antes que vosotros. Mas el reino está dentro de vosotros y fuera de vosotros.

Cuando os conozcáis a vosotros mismos, entonces seréis conocidos y comprenderéis que sois hijos del Padre Viviente. Pero si no os conocéis a vosotros mismos, entonces vivís en la pobreza y también la encarnáis.

¿JUICIO FINAL?

Entre los grandes dogmas del cristianismo está el llamado Juicio Final, introducido en la religión con el sentido de salvación o condena eterna dependiendo de tus actuaciones en la vida que lle-vaste en esos años de tu existencia y la decisión que tomará Dios una vez hayas rendido cuentas de todo tu proceder.

Será un Juicio al final de los tiempos donde todos seremos juzgados de igual manera: ricos, pobres, adultos, niños, blancos, negros, indios, etc.

Desde pequeño eso te dicen tus padres, luego tus maestros, en la iglesia y al final toda tu vida girará en base a ese miedo de ser juzgado y sancionado sobre todo con la sentencia de una condena por siempre en el infierno.

Recordamos toda esa historia de un Juicio Final como amenaza, castigo o condena que nos espera al final de la vida, entre las enseñanzas religiosas todos los días previo al inicio de clases, en aquel colegio de monjas que marcó nuestro futuro por muchos años hasta este momento del despertar y por decisión propia buscar información y opinión relacionada a la religión inculcada, casi por obligación, desde muy temprana edad.

Efectivamente hemos despejado la duda sobre el Juicio Final que nos espera al morir, y la respuesta nos ha sorprendido mucho más de lo esperado, tanto porque nos confirman que ni las monjas que nos educaron, ni nuestros propios padres católicos fervientes, nos hablaron con la verdad, con pruebas fehacientes, como que todo salió de aquel Concilio de Nicea donde estructuraron la religión católica o cristiana en manos de obispos al servicio del imperio, quienes han demostrado con sus decisiones, ocurrencias y finalmente los mandatos del cristianismo, que para no solo masificar la religión, sino someterla, dominar a las masas en su máxima expresión, tenían que de alguna manera sembrar el miedo, el terror y así se les ocurrió un tal infierno para castigar los pecados y tiempo después todo se definiría hasta la eternidad en un Juicio Final que sería cuando Dios como un juez supremo nos sancionaría con una vida maravillosa en el cielo o con un infierno de tormentos, dolor y llamas por toda la eternidad.

En verdad, la sola idea de perpetuarnos en un infierno de ser sancionados en ese Juicio Final mantuvo a la humanidad y creemos que aun la mantiene en gran parte de la población, en un terror, miedo total sometida a las decisiones, mandatos u órdenes de la cúpula del cristianismo como el mejor control social que también favorece al poder político.

Tanto el filósofo Baruch Spinosa y el propio JJ Benitez coinciden que ese Juicio Final no es otro el motivo que controlar, someter y obligar a la obediencia de ellos a la religión más extendida en el mundo como el cristianismo.

 En esas brillantes ideas para manipular a las masas incluye el Juicio final con la promesa de salvación, quien cumpla con todo lo establecido se salvará, quien se salga del camino estructurado será condenado por toda la eternidad. Aplicaron una herramienta psicológica, que ha funcionado a la medida de los poderes que gobiernan al mundo: el religioso y el político y por ende también el económico.

Los investigadores Spinosa y más tarde JJ Benitez, coinciden que ellos, la cúpula eclesiástica, se inspiraron en las normas de los Sumerios quienes fueron los primeros en tal creencia, considerando el juicio a Osiris en Egipto y de Zoroastro en Persia y en esa inspiración se basaron para desarrollar la culpa religiosa, muy fuerte entre los seguidores religiosos por lo que eso implica para ellos, mucho miedo, mucho respeto.

Señala Spinosa, que ese grupo de obispos del concilio fueron unos genios en la vulnerabilidad religiosa sometiendo a los pueblos de una manera sutil, silenciosa, tanto así que luego de más de dos mil años aun funciona y la iglesia mantiene el control absoluto entre quienes siguen al pie de letra sus dogmas y mandamientos.

Por su parte JJ Benítez señala que esa idea del Juicio Final es hereditaria, pasa de padres a hijos, y así se ha mantenido por siglos a pesar del despertar en algunos que aún no son suficiente para quebrar un poco tanto dominio y sometimiento por parte de las cúpulas religiosas y políticas. Ambos van de la mano, al producirse el despertar de las masas ambos poderes sucumben.

En nuestros tiempos esos poderes que manejan una máquina de control mental, bien a través de la culpa que han sembrado en la mente de los cristianos, como logrando el monopolio universal con aquello de "solo Cristo salva" y todos obedecen como inocentes ovejas.

El creador de toda esa maquinaria del infierno, el juicio final y la culpa han logrado construir la tecnología del miedo, una industria muy productiva logrando crear en la humanidad un Tribunal Mental permanente, que como consecuencia somete, controla y silencia a las masas y lo peor que son pocos los que han despertado, que niegan un juicio final, la culpa y el miedo y lo mantienen callado porque lo que aún no superan es la cobardía de enfrentarse a quienes siguen utilizando factores psicológicos, el fervor religioso y el terror a fallarle a Dios en la creencia de un Juicio Final. Todo esto muy lamentable porque a pesar de siglos, ellos siguen ganando y la humanidad en su mayoría dormida y manipulada.

No era eso lo que Jesús predicaba, jamás en ningún momento se pronunció por algún castigo, al contrario, se cansó de hablar del perdón, repitiendo aquello que se debía perdonar 70 veces 7.

Mucho menos habló a la humanidad de un tal Juicio Final, ¿dónde, en qué texto, en qué evangelio en boca de Jesús se señala la fecha, o el momento de Dios rodeado de ángeles viene para juzgar al mundo?

Esa imagen fabricada de un ser todopoderoso sentado en una silla dorada, rodeado de ángeles, fue decisión de la cúpula religiosa para sembrar el miedo, al tribunal que nos juzgará. Pero ¿Jesús también vendrá? ¿En algún momento lo dijo? El vendrá en cada uno de nosotros a medida que despertemos entendamos que Dios somos todos, que formamos parte de El y solo tenemos que descubrirlo, reconocerlo dentro de cada uno como tantas veces lo repitió.

¿Entonces como los cristianos que siguen y creen en Jesús, en el redentor, el guía, el líder, aun aceptan a cúpulas de iglesias de cemento con manipulaciones como eso de un Juicio Final?

Entendemos que en tiempos de Spinosa y otros pensadores, la humanidad aceptara a ciegas tanta manipulación y sometimiento con normas escritas y escogidas por ellos los que se han aprovechado de la figura de Jesús para sus propios beneficios, lo que no podemos aceptar, ni entender es que con las comunicaciones de estos tiempos, de la utilización de la tecnología y con tantos escritores y profesionales que han despertado y mostrado pruebas contundentes de esa industria del terror religioso, no hayan despertado y continúen bajo el yugo de una máquina de control mental, con un tribunal mental permanente.

Recuerden las palabras del papa Francisco, antes de su último suspiro: "Todo ha sido mentira"

Veamos ahora lo que dice la Biblia sobre tan definitivo momento de nuestras vidas:

Mateo: 25:31-46: "Jesús describe como el hijo del hombre (Él mismo) vendrá en gloria y separará a las personas como un pastor separa las ovejas de los cabritos".

Las ovejas (los justos) son los que ayudaron a los necesitados, le dieron de comer, lo visitaron en prisión, lo vistieron y son bienvenidos al reino.

Los cabritos (los injustos) no lo hicieron y son enviados al castigo eterno.

"En verdad os digo que en cuanto lo hicisteis a uno de estos mis hermanos más pequeños, a mí lo hicisteis" (Mateo 25-40)

**Apocalipsis 20:11-15 El Juicio ante el gran trono blanco:

Juan tiene una visión del gran trono blanco donde se abren los libros, incluidos el Libro de la Vida.

++ Todos son juzgados según sus obras.

++ Aquellos cuyos nombres no están escritos en el Libro de la vida son lanzados al lago de fuego (símbolo del juicio final)

"Y los muertos fueron juzgados por lo que estaba escrito en los libros, según sus obras" (Apocalipsis 5:10)

** Corintios 5-10

"Porque es necesario que todos nosotros comparezcamos ante el tribunal de Cristo para que cada uno reciba según lo que haya hecho mientras estaba en el cuerpo o sea malo"

** Romanos 2:5-8

"El día de la revelación del justo juicio de Dios, el cual pagará a cada uno conforme a sus obras"

** María Magdalena: a buen entendedor pocas palabras:

Veamos ahora lo que señala María Magdalena sobre este interesante e importante parte de la religión cristiana y entenderemos la razón del por qué todo lo relacionado a ella fue omitido, mucho borrado, por alguna razón sería, veamos:

"Yo, María Magdalena lo he visto. El juicio no es una venganza de Dios, sino un espejo en el que el alma ve lo que ha sido, sin máscaras, ni excusas. No hay acusador, porque ya no hay mentira. No hay abogado, porque ya no hay justificación. Solo verdad.

El Maestro me dijo una vez: "El reino está dentro de vosotros. Quien se conoce a sí mismo es libre".

Entonces entendí que el juicio final no es solo un día futuro, sino un proceso que empieza cuando el alma despierta. Cada vez que el amor es rechazado, un juicio ocurre.

Cada vez que el ego calla y el espíritu habla, el alma asciende.

No porque Dios las condenara sino porque no podían soportar la luz" El fuego del juicio era el mismo fuego del amor divino. Quema al ego, pero purifica al alma.

Para ella y para el maestro, la salvación no es recompensa externa, sino despertar interno. No se trata de ganarse al cielo sino de vivir en armonía con la verdad.

El juicio final entones, no es el fin del mundo, sino el momento cuando el alma vuelve a su origen, a la unidad de donde vino.

El juicio no es una sentencia, es un espejo, y el alma que se ama y se conoce, no teme mirarse, porque al final no seremos juzgados por lo que hemos creído, sino por cuanto hemos amado.

¿DIOS PERMITE EL MAL?

¿Si hay un Dios perfecto, todopoderoso, justo, por qué permite la muerte de un niño, o la guerra, o epidemias donde mueren miles de gente inocente, en otras palabras, por qué permite que el mal le gane al bien, al Soberano del universo?

¿Cuántas veces hemos culpado a Dios por la muerte de un ser querido, de epidemias como la del Covic hace unos años atrás, o el descarrilamiento de un tren, o el accidente de un avión con el fatal resultado de cientos de personas inocentes fallecidas?

¿Dios dónde está? grita una madre cuando se le muere un hijo en sus brazos. Por su parte el agricultor clama al cielo porque el exceso de lluvia arrasó con su sembradío, el sustento de su familia y Dios no le resolvió. En fin, cientos de veces escuchamos a las personas y hasta en familias que Dios permite el mal, qué siendo Todopoderoso, sabio y justo, suceden hechos tristes, lamentables casi todos los días.

Sobre este interesante punto que mantiene a la humanidad con dudas, pero por temor y miedo a un "castigo" del Señor, no lo expresan de manera contundente en unos casos, en otros callan, lo piensan, pero callan, el miedo a un castigo les impide hablar, es más fuerte el terror, que expresar su inquietud o su verdad, su opinión.

A esas dudas y a esa creencia de un Dios castigador y vengativo nuevamente sale al paso el filósofo que tanto desafió a la iglesia católica en el siglo 17: Baruch Spinosa.

Comienzo con sus palabras contundentes y con gran significado:

"El Universo es indiferente a nuestra existencia"

En sus anteriores análisis, inclusive a través de la física, matemática y leyes del universo, aseguró que Dios es la naturaleza misma, que todo forma parte de él, nosotros como humanidad somos parte de ese ser Todopoderoso que nos enseñaron desde la formación del cristianismo representado en un señor sentado en un gran trono rodeado de ángeles, de claridad impresionante y desde donde observa todo lo que sucede no solo es nuestro planeta, sino en el universo entero.

De tal manera que Dios no es una persona, es el universo mismo, todo es parte de Dios, Dios es la sustancia, es la creación misma infinita. Todo es la expresión de esa una única sustancia. Todos somos parte de él, sin nosotros el universo sería materia muerta flotando en el espacio.

Esas teorías de Baruch Spinosa estaba demoliendo los cimientos de la religión organizada.

Buscamos significado en el lugar equivocado, Dios no es nuestro padre, somos parte del proceso que crea significado.

Lo que llamamos "mal" es solo la expresión infinita de la existencia. No existe separación entre creador y creación. No elije permitir el mal. Lo que llamamos mal es solo la parte de la expresión infinita de la existencia. No es error, no es castigo, simplemente es liberador.

El océano y las olas son lo mismo no hay separación, las olas se salen del océano llegan a la orilla, pero regresa al océano, porque son lo mismo.

El universo a través de nosotros toma vida y conciencia. Dios no es una maquinita de refrescos que le metes una moneda y sale el producto, opera con leyes naturales que no puede suspender solo por algún sufrimiento, son leyes, actúan y ya.

Cuando el niño se enferma es porque sus células mutan así de sencillo si supieras eso no nos torturaríamos buscando significado en un universo que no es nuestro padre.

Esas teorías del filósofo Spinosa que sacudió todas las creencias que imponía la iglesia, se fueron comprobando y hoy ya de manera más contundente se acepta, lógicamente en aquellos que aún se mantienen firmes con todo lo enseñado desde su niñez, están reacios, no pueden entender que en verdad Dios es un todo, es todo, somos parte de él que funciona bajo leyes inalterables por el hombre.

Después de 400 años desde que Spinosa aclaró el por qué pasan hechos malos si se reza, se va a misa, oran a Dios y demás, aún no han despertado, permanecen alienados a una cúpula religiosa que está de la mano con los otros poderes para mantenerse en dominio de la humanidad, ya son mucho menos y buscan despertar al resto, pero no es fácil cuando el fanatismo los consume en su desconocimiento.

Las cosas funcionan porque así es como funciona el universo. No aceptan verdades incomodas, se niegan a admitir esa realidad. Debemos entender las leyes de la naturaleza y entenderemos un poco más por qué pasan los eventos que pasan, las enfermedades, guerras y demás tragedias humanas.

El Universo es indiferente a nuestra existencia, cumple con sus leyes sin poderlas alterar, son sus leyes y punto.

San Agustín decía: "El mal no es una criatura, sino una herida en la criatura".

Entonces el mal no es creado por Dios, sino que surge del uso incorrecto de la libertad que Dios nos dio. Sino fuéramos libres de elegir el mal tampoco podríamos amar verdaderamente.

Dios no es indiferente al sufrimiento: en Jesús, Dios mismo sufre, muere, perdona.es decir acompaña al ser humano en su dolor y lo redime.

Lo que llamamos mal no es un defecto de Dios, sino una limitación de nuestra perspectiva humana. Lo que llamamos mal, bien sea dolor, pérdida, caos, tragedia, no es maldad, sino parte de un orden total que nuestra mente limitada no alcanza a comprender.

Resumiendo: no hay un Dios que observa, sino un Dios que respira desde dentro.

Un Dios que no permite al mal, sino que nos acompaña a través del mal hacia el bien.

Un Dios que no controla al mundo como un rey, sino que late en el mundo como una semilla. Y así el universo es la expresión viva de lo divino.

Lo que llamamos mal es el lugar donde todavía no hemos amado lo suficiente.

JESUS VS IGLESIA

Es nuestra intención en este libro y luego de muchas lecturas, investigaciones y consultas a religiosos de otras iglesias, de mostrar esa otra cara de Jesús, el hombre más importante para millones de personas, cuya identidad la han querido cambiar interpretando sus palabras de manera incorrecta solo para manipular y someter a quienes los siguen, le creen y lo consideran su Dios

Este trabajo no estaría completo sino ubicamos cara a cara sus palabras frente a la interpretación manipuladora que le ha dado la iglesia, sobre todo la católica, dando firmeza a aquellas palabras del papa Francisco que nunca saldrán de nuestra cabeza: "Todo ha sido una mentira" nos da la razón siendo un hecho terrible desde hace más de dos siglos.

Comparemos lo dicho por Jesús y como fue interpretado por la iglesia:

** El Reino de Dios:

Jesús dijo: "El reino de Dios está dentro de vosotros"

La iglesia enseñó que el Reino de Dios es el cielo futuro, accesible solo después de la muerte y condicionado por los sacramentos administrados por la Iglesia, es decir obedeciendo al pie de la letra lo exigido por ellos, sometidos a sus órdenes.

** La Iglesia como institución:

Jesús dijo: "Donde dos o tres estén reunidos en mi nombre, allí estoy yo y yo en medio de ellos"

La iglesia enseñó:

La única presencia en cristo válida está en la Iglesia Católica Romana, bajo autoridad apostólica jerárquica: Papa, obispos, clero.

** La riqueza y el poder:

Jesús dijo: "no podéis servir a Dios y al dinero, vende lo que tienes y dáselo a los pobres.

La iglesia:

Durante siglos acumuló riquezas, construyó palacios, vendió indulgencias, y mantuvo alianzas con reyes y emperadores y hoy en día trabaja de la mano con el poder político pues ambos se ayudan para mantener sometida a la humanidad.

En el Vaticano, donde no solo se concentra el poder del cristianismo, sino también una riqueza incalculable con bienes y raíces regada por todo el mundo, oro propio en su banco, y oro de otras naciones señalándose que muchos de procedencia como lavado de dinero.

** El papel de las mujeres

Jesús hizo:

Hablaba con mujeres públicamente, con María, María Magdalena, la Samaritana. Fue acompañado por mujeres entre sus discípulos. Fue a una mujer, a Magdalena, a quien se le apareció primero.

La Iglesia:

Prohibió a las mujeres ejercer el liderazgo. Ocultó todo lo relacionado a María Magdalena, la convirtieron en pecadora.

** De Perdón y misericordia:

Jesús dijo: "No juzguéis para no ser juzgado". "Ve y no peques más"

La Iglesia: enseñaba el castigo eterno en el infierno. Impuso la confesión obligatoria ante un sacerdote (hombre), incluyó la excomunión, el pecado mortal que nos lleva al infierno.

** El Juicio Final.

Jesús: "No seremos juzgados por lo que hemos creído, sino por cuanto hemos amado".

La iglesia:

Que el juicio se basa en el bautismo, la confesión, los dogmas y la obediencia a la iglesia, son más importante que las obras de amor y compasión.

Ahora bien, no hay pruebas verificables de que Jesús va a regresar en una fecha específica. Muchas predicciones se han hecho todas han fallado.

Por qué no razonar que Jesús puede regresar en otro sentido, en la conciencia, en el despertar espiritual, en el amor que revive su mensaje real

Quizás el regreso de Jesús no será desde las nubes, sino desde el corazón del ser humano cuando vuelva amar como él amó. Tal vez no viene con trompetas como lo dibujan, sino con compasión o sencillamente no regresa a este mundo porque nunca se fue de él, está en cada uno de nosotros.

La iglesia se tomó para ella sola todo lo relacionado a Jesús, el cristianismo o el catolicismo, allí no hubo para nadie más que para los hombres, las mujeres de donde proceden ellos como hombres y todos los seres humanos, desechadas, marginadas e inclusive se le imponía en un principio asistir a la iglesia vestidas como ellos decían, además debían taparse la cara con un velo, más tarde podían mostrar la cara, pero el velo aún en la cabeza, hoy se observa en algunas iglesias que las mujeres mantienen la costumbre del velo.

Nos preguntamos ¿por qué mientras religiones que igualmente siguen a Jesús, permiten el matrimonio en sus jerarcas, en sus pastores o sus líderes, como ley natural de la reproducción y colmar la tierra, la religión cristiana mantiene el celibato evitando que se integren a la sociedad con su propia familia, base de la sociedad, núcleo de un país? ¿Por qué?

El cristianismo prácticamente se formó, decidió, y se impuso de acuerdo con un grupo de hombres, ausentes totalmente las mujeres, tanto en el Concilio de Nicea, como en los demás concilios y por las imposiciones en cada región de acuerdo con la conveniencia para tener el control total.

Mientras Jesús jamás discriminó ni en género, raza o clase social, la iglesia fabricada por cardenales y obispos, y por aquellos lideres religiosos del imperio romano, en cuanto al papel que debió participar la mujer, allí si se olvidaron, si obviaron el ejemplo de Jesús haciéndola a un lado hasta nuestros tiempos, siendo ellas solamente quienes limpian sus templos, hacen los arreglos florales, y demás oficios que será que los hombres no los quieren hacer y ahí si consideran al sector femenino. Hasta en eso fueron y son exclusivistas.

"No hay nada escondido que no llegue a ser revelado"

¿QUIEN FUE PABLO DE TARSO?

Pensar que millones de personas en el universo practican una religión como el cristianismo sin conocer ¿quién es Pablo de Tarso?

Así es, comenzando por nosotros mismos, me refiero a mi propia familia y a mí misma, que hace apenas unos años conocí a ese personaje, uno de los protagonistas de la religión más difundida en el mundo como lo es el cristianismo.

Durante años vi a mi madre acudiendo a misa todos los domingos como algo sagrado, al levantarse nos hacía el desayuno y salía a pie hacia la Iglesia María Inmaculada ubicada a dos cuadras de nuestra casa, no podía faltar a la misa de las 10, era pecado no acudir ¿y eso para ella? Jamás, Dios se lo tomaría en cuenta al momento de morir y estar ante el tribunal que la juzgaría, esa creencia desde su niñez.

Creencia que nos inculcó a todos nosotros sus 7 hijos, 5 hembras y 2 varones, a quienes no los obligaba igual que a nosotras las mujeres, para ir a misa los domingos a cualquier hora, pero sin faltar, teníamos que obedecerla. A mi padre no lo convenció de ello por su decepción con los sacerdotes, ya lo explicaré.

Ni ella nuestra madre, muchos menos nosotras podíamos saber quién fue ese señor Pablo de Tarso que luego en mi búsqueda religiosa, lo tuve en esas lecturas, pero para explicarle a mamá fue tarde ya había fallecido, pero creo que igual nada lograría, era extremadamente cristiana.

¿Por qué mi padre, dejó de ser tan cristiano como mi madre? Toda su juventud y ya adulto incluso casado con mi madre, fue no solo cristiano, sino muy cumplidor de todos los mandatos de la iglesia: misa casi a diario, confesarse antes de comulgar, pedir perdón por "sus pecados", rezar el rosario con mamá, etc.

Así era él de religioso porque desde niño acudía con su padre a la iglesia del pueblo siendo por los años 50, y el abuelo y el párroco mantenían una buena amistad de vieja data.

Cuando el abuelo se enfermó y ya bastante grave, siendo tan religioso le pidió a papá trajera a su amigo el párroco para aplicarse la extremaunción.

Rápidamente papá fue a la iglesia, a la capilla San judas, a buscarlo, mi abuelo moría y lo llamaba en sus últimos momentos su amigo párroco, con quien mantuvo una amistad por años, le respondió que debía cancelar 100 pesos. Papá no los tenía, le rogo que por favor asistiera al abuelo en ese crucial momento y el sacerdote, ese párroco representante de Dios se negó, debía cancelar los 100 pesos que era el costo de ese sacramento, de la extremaunción. ¿Qué tal?

Papá con lágrimas en los ojos, le rogó y rogó y aquel sacerdote ni se inmutó, eran 100 pesos y punto.

Que decepción, que frustración para mi padre, por falta de dinero el abuelo murió esperando a su amigo el párroco.

Desde allí papá nada quiso saber de sacerdotes, cristianismo, iglesia, ni nada, le dijo a mamá que el cristianismo era un negocio, con dinero todo, sin dinero ni las últimas palabras para un moribundo. "Creo en Dios, pero jamás en los sacerdotes" fueron sus palabras que todos nosotros sus 7 hijos a lo largo del tiempo le escuchábamos decir cumpliendo fielmente esa decisión hasta su fallecimiento muchos años más tarde.

En nuestro caso aquella historia nos ha acompañado hasta estos días y allí nació nuestro sentimiento de no creer en un Dios encerrado entre cuatro paredes, secuestrando a Jesús, guía e inspiración de la humanidad por sacerdotes como ese párroco de la capilla San Judas.

Por ello cuando nos enteramos en nuestra investigación que quienes "fabricaron" el cristianismo fueron unos hombres, obispos, qué obedeciendo directrices de un emperador como Constantino con su ambición de unificar su imperio, una Roma que abarcaba gran parte de Europa y Asia, entendemos los enormes vacíos en esa estructura de la religión católica que poco a poco se han ido develando hasta nuestros días mostrando una iglesia que manipula, somete, subyuga a sus feligreses y les cobra la aplicación de los sacramentos, es decir cada uno de ellos tienen valor dependiendo de la clase social del solicitante.

¿Quién fue Pablo de Tarso?

Su nombre en hebreo fue Saulo, Pablo en latín, y así se conservó en sus escritos y hasta el final de sus días cuando murió decapitado bajo mandato de Nerón, el emperador de entonces.

Al hacerse ciudadano romano tuvo acceso a la educación, muy formado en la ley judía lo que le permitió que sus escritos formaran parte en la constitución del cristianismo siendo Constantino emperador.

No conoció a Jesús, no fue su discípulo, sin embargo, escribió gran parte del nuevo Testamento.

Fue perseguidor de los cristianos hasta que según sus propias palabras tuvo una visión de Jesús en su camino a Damasco quien le reclamó la persecución a su gente.

Es importante aclarar que Pablo de Tarso no participó en el Concilio de Nicea del año 325 DC, había muerto mucho antes casi tres siglos, pero su influencia teológica fue determinante en la formación del cristianismo oficial que surgió de ese concilio.

Pablo fue quien desarrollo muchas de las ideas que luego se convirtieron en dogmas: la divinidad de Jesús, su papel redentor, a través de la muerte y resurrección y la salvación por la fe en Cristo, no por las obras de la ley.

También introdujo el concepto de la iglesia como el cuerpo de cristo una noción que sirvió más adelante para justificar la autoridad eclesial.

Durante el Concilio de Nicea convocado por Constantino para unificar la fe cristiana en su imperio, estas ideas paulinas se consideraron. Aunque hubo debates como la controversia con Arrio sobre Jesús era realmente igual a Dios Padre o una criatura subordinada, finalmente se impuso la visión afirmada, la divinidad plena de Cristo tal como Pablo ya la había expresado en sus cartas.

Aunque Pablo no fue parte del concilio su teología fue adoptada como cimiento doctrinal.

Lo que Jesús predicó: el reino de dios, la justicia, el amor al prójimo y el camino interior fue desplazado hacia una interpretación centrada en su figura como salvador divino y así termino siendo estructurado y oficializado por la iglesia siglos después.

De tal manera que Pablo de Tarso fue un hombre clave en la expansión del cristianismo, pero transformaron el mensaje original de Jesús para adaptarla a una nueva audiencia.

 Su teología hizo que Jesús pasara de maestro judío apocalíptico a un Salvador divino, lo que derivó en muchas de las doctrinas centrales del cristianismo tradicional pero alejadas del mensaje puro del Nazareno.

Jesús hablaba del reino de dios como algo inminente, ético, presente. Su énfasis en la transformación personal y social, el perdón la justicia, la compasión.

Pablo interpretó a Jesús como una figura cósmica, un salvador divino que vino a redimir a la humanidad mediante su muerte y resurrección.

Jesús dijo: "No he venido abolir la ley, sino a cumplirla" Pablo enseño que la ley no era necesaria que la fe en cristo era suficiente para la salvación rompiendo así con el judaísmo de Jesús. Pablo resaltó más al Cristo resucitado, que al predicador.

Jesús nunca habló de normas y dogmas que fueron la estructura eclesiástica, sentando las bases para una iglesia con jerarquías normas y dogmas que Jesús nunca fundó.

Para muchos Pablo corrompió el mensaje puro de Jesús, convirtiendo la ética del amor en una doctrina de culpa y salvación.

JESUS Y LA TABLA ESMERALDA

La figura de Jesús ha sido tradicionalmente entendida desde una mirada religiosa e institucional, enfocada en sus milagros, su pasión y muerte y resurrección. Sin embargo, si apartamos el dogma y nos adentramos en su mensaje profundo, aparece otro rostro, esa otra cara, el del maestro espiritual, el guía interno el portador de una sabiduría universal que ha sido expresada, con distintos nombres, símbolos en muchas culturas.

Una de las conexiones más sugerentes y menos exploradas es la que relaciona a Jesús con los principios espirituales contenidos en la Tabla Esmeralda, un texto atribuido a Hermes Trimegisto, considerado padre de la alquimia y del pensamiento hermético. Otro vinculo enigmático lo encontramos en la figura de Apolonio de Tiana, un filósofo y dramaturgo del siglo 1 qué en muchos aspectos, se parece extraordinariamente a Jesús. ¿Estamos frente a coincidencias? ¿O hay algo más profundo que los une?

La tabla esmeralda es un texto breve pero muy potente cuya frase central es: "Como es arriba es abajo y como es abajo es arriba"

Este principio hermético habla de unidad correspondencia y transformación. Enseñando que lo divino y lo humano no están separados sino reflejados.

El universo entero es una sola cosa y el ser humano puede despertar su poder interior cuando comprenda esa unidad.

Jesús enseñó: "El reino de Dios está dentro de nosotros. (Lucas 17:21). El padre y yo somos uno. (Juan10:30)

Estas afirmaciones no se refieren a una religión externa, sino a un estado de conciencia. Jesús no hablaba de adoración a ciegas, sino al despertar una verdad interior muy en sintonía con los principios herméticos, muchos de ellos los actos atribuidos a Jesús comprendidos desde una visión esotérica, como señales de alquimia espiritual.

Recordando que transformó el agua en vino, símbolo de la transformación del alma. Sanaba con palabra, poder del verbo creador. Así mismo resucitó muertos metáfora del despertar espiritual, la muerte del ego.

Dijo que todo lo que él hacía, otros lo podrían hacer. "Quien cree en mí hará también las obras que yo hago".(Juan 14:12)

Jesús no vino a fundar una iglesia, lo repetimos, sino a activar una conciencia nueva en la humanidad donde cada persona reconoce su divinidad interna. Esta visión coincide con el conocimiento hermético donde cada persona reconoce su divinidad interna. No exclusiva de un clero o institución.

En esta parte de la otra cara de Jesús mencionamos a Apolonio de Tiana, un filósofo pitagórico, del siglo 1, viajó por Egipto, Persia y la India, en busca de sabiduría. Se le atribuyeron milagros, sanaciones, profecías, e incluso resurrecciones. Sus seguidores lo consideraban un hombre divino, algunos lo llamaron el verdadero cristo.

El historiador Filóstrato escribió una biografía de Apolonio y en ella se relatan episodios que se parecen mucho a los evangelios, discípulos, milagros enseñanzas morales, incluso una desaparición misteriosa al final de su vida.

¿Fue Apolonio una figura paralela a Jesús? ¿Un maestro que encarno la misma conciencia crística? nadie lo sabe con certeza, lo que sí es evidente es que ambos trasmitieron un mensaje de transformación interior de unión con lo divino y ambos fueron posteriormente reinterpretados, manipulados, silenciados por las estructuras del poder religioso.

Ahora la relación entre Jesús y la Tabla Esmeralda y Apolonio de Tiana no se basa en una conexión histórica directa sino en una coherencia espiritual profunda. Todos ellos desde distintos caminos hablaron del despertar del alma, del poder interior del hombre de la unión con lo divino no como dogma.

Se puede decir que Jesús, Hermes y Apolonio, no son personajes aislados sino expresiones diferentes de una misma sabiduría ancestral. Una sabiduría que ha sido trasmitida de forma oculta, simbólica o esotérica y hoy vuelve a emerger por quienes buscan la verdad.

Jesús no fue, ni es propiedad de una religión. Fue un maestro de la verdad eterna, como Hermes y Apolonio y tantos otros que han desaparecido.

Su mensaje sigue vivo en todo aquel que busca no afuera, sino dentro de sí.

Comprender a Jesús a la luz de la Tabla Esmeralda no es desvirtuarlo, es resituarlo en su verdadera dimensión, la guía del alma humana hacia su divinidad interior. Su reino no está en templos, ni credos sino en el corazón del que despierta.

A la propia iglesia no le conviene, nunca le ha convenido mostrar a ese Jesús místico, poderoso por su dominio sobre la sustancia y la energía, tal como tampoco permitieron que Hermes y Apolonio enseñarán sus conocimientos a pesar de haberlo intentado, en el caso de Jesús fue un poco diferente porque él si repetía una y otra vez su mensaje del conocimiento interno y su poder, en un mundo y en un momento donde reinaba la ignorancia y el yugo de gobiernos dictadores, tiranos y hasta locos como algunos de los emperadores romanos como Nerón y Calígula entre otros, de allí que no hubo entendimiento, tampoco la capacidad mental para saber cómo llegar a ese nivel de Jesús, que además de haber sido un iluminado desde niño, se preparó en regiones como en Egipto, India y el Tíbet donde dominaban la mente, la materia y no tenían egoísmo para enseñar, trasmitir sus conocimientos.

De haber logrado Jesús que sus enseñanzas dieran resultados en sus seguidores otra seria la historia de religiones que con mentiras, tergiversaciones y egoísmo han mantenido a la humanidad en una oscuridad interna, en la ignorancia espiritual y en un temor por el supuesto castigo de Dios.

EL VATICANO

El gran enigma del cristianismo: El Vaticano. Tratemos de develarlo un poco y entendamos porque la rebelión entre muchos cristianos que buscan otra verdad que no sea la que por siglos nos han mostrado y entre esas dudas, sobresale siempre las lujosas iglesias, el materialismo demostrado por jerarcas, pero también por sacerdotes que se alejan de la humildad y del ejemplo de Jesús, los escándalos por corrupción en materia económica, y actos sexuales, por qué la renuncia del Papa Benedicto XVI, entre otros hechos muy graves.

El Vaticano, el país más pequeño del mundo, pero a la vez uno de los más poderosos y con riquezas innumerables superior a países que se supone produce grandes ganancias y resulta que no se compara ni en bienes, ni en dinero que no solo guardan en su propio banco, sino en los más solventes del mundo. Es decir, la riqueza del Vaticano se aleja de la humanidad, de lo que debía ser su razón de existir, con las consecuencias de una feligresía que comienza a cuestionar su conducta, su fin, su razón de ser.

Es un país de 49 hectáreas, algo así como la extensión, de 80 campos de fútbol. Tiene una población de unos 800 habitantes, donde tan solo 20 son mujeres. Tienen reglas estrictas que cumplir. Cuenta con una vigilancia perenne, la llamada Guardia Suiza con sus lujosos uniformes en rojo, amarillo y azul que son parte de su atractivo turístico. Este servicio de vigilancia que se ha enfrentado a momentos fuertes para defender al estado y sus habitantes data de hace unos 500 años siempre con la misma indumentaria diseñada nada más y nada menos que por Miguel Ángel.

Comencemos por señalar que el Vaticano tiene una biblioteca inmensa con documentos clasificados, un archivo confidencial, que sacarse a la luz se podría cambiar el rumbo del universo, comenzando con el fin de un cristianismo tal como se concibe y se practica desde hace más dos mil años y aún se mantiene. Creemos que se llegará el día de algún valiente Papa o quien sea el jerarca del catolicismo en ese momento de sacar a la luz tanto misterio, tanta profunda información reservada solo para ellos los que dirigen a la religión más extendida en el mundo con más de mil millones de feligreses.

Allí en esos documentos y manuscritos en esa biblioteca los grandes secretos del universo, se habla de una máquina del tiempo que ha viajado al pasado observando la crucifixión de Jesús y demás hechos importantes del universo. El Cromo Visor del año 1.940 que según fue desmantelado.

¿Se imaginan que eso se dé a conocer? Será un giro de 180 grados en toda la historia y relatos escritos hasta ahora, no solo sobre la muerte de Jesús, sino de tantos hechos que se realizaron cambiando así la historia, y el rumbo tomado sería otro muy distinto y de eso estamos seguros. Se dice inclusive que en ese misterio y enigma sobre la máquina del tiempo se tiene la fecha del fin del mundo y cómo será la destrucción de todo lo que existe.

El Vaticano tiene tantos secretos que cuenta con pasillos clandestinos, algo como escapes para momentos precisos y bajo tierra a 3 metros están los restos de San Pedro, debajo del altar de la Iglesia que lleva su nombre.

El Vaticano no siempre fue así, en Lacio, Umbría, existía el Estado Pontificio, un estado más de los tantos, con autoridad para todo inclusive para movilizar ejércitos, tropas, pero poco a poco se fue desmoronando con problemas frente a los otros estados constituido iniciándose así un enfrentamiento entre ellos que terminó en los primeros años del siglo 19 con el Pacto de Letrán, siendo agregado a Italia, país que lo aceptó hasta nuestros días, como el estado de la Ciudad del Vaticano, soberano e independiente.

Por allí han sido muchos los Papas, desde 1869 a 1870 estuvo Pio X quien definió el dogma de la espiritualidad.

En el siglo XX el Concilio Vaticano II de 1965 a 1966 promovido por Juan XXIII y continuado por Pablo VI modernizando la iglesia, tal como se muestra hoy.

Entre 1970 y 1.980 salieron a la luz escándalos económicos y otros delitos.

En el 2013 sobre salió, el trabajo de Juan Pablo II y la renuncia de Benedicto 16 por hechos terribles que comentaremos aparte. A partir de este siglo 20 se inician los viajes de los Papas.

En los inicios del siglo 20 el Vaticano se vio envuelto en escándalos de espionaje apoyando las dictaduras, además su Banco se prestó para lavado de dinero y conexiones ilícitas, situación que se mantuvo por varios años fue ese el primer gran escándalo Vatileaks siendo el Papa Benedicto XVI en el 2012 cuando el mayordomo Paolo Gabriele filtro a la prensa todas esas informaciones.

Los documentos mostraban a un vaticano dividido, desordenado y profundamente humano, terrenal, corrompido por riquezas y sexo. Gabrielle fue arrestado y condenado luego perdonado por el propio Benedicto.

No conformes con esos escándalos, salieron a relucir otras barbaridades entre las propias paredes de ese palacio donde el pecado salía por las ventanas, puertas, paredes y techos, era sexo por todos lados, abusos durante décadas que callaban unos por evitar el escándalo, otros por mantener los negocios sucios donde estaban involucrados personalidades internacionales entre presidentes y altos dignatarios.

Era una olla de pudrición que no se trataba de una presidencia o gobernación cualquiera, era en el mismísimo Vaticano embarrado en el peor bochorno que el Papa Benedicto XVI no soportó, y al no valer sus reclamos y órdenes, lo obligaron a renunciar sin dar explicación de peso, solo señalaron que por su edad no soportaba el intenso trabajo que tenía que cumplir. Y así fue, Benedicto XVI fue separado del papado, librado de sus responsabilidades y estuvo recluido en un anexo del palacio hasta el día de su muerte.

Pero los delitos no cesaron allí, en el año 2015 durante el papado de Francisco surgió un nuevo capítulo del Vatileaks II esta vez el protagonista fue Monseñor Lucio Vallejo Balda, miembro de una comisión de reformas económicas del Vaticano, y Francesca Balda consultora laica quienes filtraron a la prensa todas las irregularidades: gastos milmillonarios injustificados, propiedades lujosas sostenidas por los fieles, resistencia interna a las reformas de Francisco, documentos que mostraban existencias de un poder opuesto al papa.

Con todas esas barbaridades que lógicamente terminaron en escándalos, mostraron una institución herida por su propio secretismo, codicia y miedo al cambio.

Tanto los escándalos sexuales, como estos de corrupción no son errores simples "errores humanos" son síntomas profundos de una enfermedad institucional, cuando la fe se transforma en poder, el espíritu se corrompe.

Jesús jamás construyó palacios, jamás tuvo un ejército de funcionarios, jamás acumulo riquezas ni ejerció poder terrenal,

Su templo fue el corazón humano, que buscó despertarlo, su evangelio fue un llamado a la transformación interior, no a la obediencia institucional.

Esos escándalos deben obligar a sus autoridades volver la mirada a Jesús, a ese Jesús que hablo con sencillez, que denunció a los hipócritas, que limpio el templo de comerciantes.

¿Recuerdan las palabras de Francisco al borde de la muerte: "Todo es mentira"?

Cuantos secretos, cuantas verdades se llevó. Con tantos eventos fuera de la moral, de la ética que se debe guardar sobre todo quienes tienen en sus manos la conducción de una religión como al cristianismo, con más de mil millones de feligreses, ¿vale la pena seguir sus enseñanzas, sus dogmas cuando son ellos mismos quienes se han olvidado de todo: principios, moral, dar el ejemplo, palabras de Jesús, responsabilidad y decencia, ¿vale pena?

La gestión del papa Francisco quien se cree fue elegido por venir de un país sudamericano, Argentina, tal vez mas manejable, pero no fue así.

Francisco se presentó como un papa austero, incluso que creían no viviría dentro del palacio apostólico, pero lo hizo y su proceder fue de humildad con ropa y calzados sencillos, hablaba constantemente de misericordia y justicia, reflejando una imagen de un papa humilde, reformador, distinto. Intentó impulsar cambios importantes y logro algunos: promovió auditorias del Banco Vaticano y cerró cuentas irregulares, expulsó a algunos cardenales involucrados en abusos, denunció públicamente la "lepra del clericalismo, aprobó leyes internas más duras contra el abuso sexual y criticó el lujo, el poder y la doble moral de muchos de la curia, sin embargo, no logró acabar con tantas irregularidades se enfrentó a una burocracia antigua, intereses financieros y lealtades muy poderosas. Se enfrentó a lobbies internos muy fuertes incluyendo redes de encubrimiento.

Muchos de los que lo rodearon le saboteaban sus intenciones de sanear tantas irregularidades. Tal vez le faltó un poco más para excomulgar a muchos culpables de tan feas irregularidades.

Francisco representó un sincero intento de renovación moral, pero limitado por la estructura podrida que lo rodea.

Se recuerda en una entrevista donde señaló: "la curia romana es como una vieja dama que necesita reforma, pero no quiere cambiar", se refería a un narcisismo clerical, la ambición de poder, la hipocresía y el secretismo destructivo. Allí demostró que no tuvo el poder absoluto para sanear tantas irregularidades.

Ni siquiera un papa bien intencionado como Francisco logró sanar una institución construida sobre siglos de poder y ocultamiento. Los cambios de imagen no bastan: la espiritualidad auténtica no necesita mediadores corruptos, sino conciencia despierta.

Si el Vaticano no cambia, que sinceramente no lo creemos con tanta corrupción y perdida de la moral, los verdaderos seguidores de Jesús tendremos que construir el Reino por fuera de sus muros.

PERDONAR 70 VECES 7

Pedro inquieto y con el corazón humano en duda y se impacienta, se acerca a Jesús con una pregunta sencilla y profunda:

Señor, ¿cuántas veces debo perdonar a mi hermano? ¿Hasta 7 veces?

Jesús lo mira. Y en su repuesta no hay calculo, no hay medida, solo hay eternidad.

"No te digo hasta 7, sino hasta 70 veces 7", le respondió el maestro

Eso no es una cuenta, no son 490 ofensas que se puede tachar una a una, es un símbolo de lo infinito no lo que no se puede pesar, ni sumar, porque pertenece a otro orden: al amor que trasciende la lógica del mundo.

En la tradición hebrea, el numero 7 representa la plenitud, la totalidad, lo divino. Y setenta veces siete es como decir "perdona siempre" Perdona más allá de la cuenta. Perdona como Dios perdona: sin límites, sin rencor, sin memoria de la ofensa.

No se trata de permitir abusos, ni de silenciar la justicia. Jesús no está hablando de sumisión, sino de liberación interior. Porque quien no perdona, vine atado al ofensor. Lleva su herida como una piedra en el pecho.

Pero quien perdona, rompe la cadena, suelta el peso y sigue su camino más liviano.

Perdonar no es olvidar, es recordar sin dolor. Es mirar el pasado sin que el aire tiemble. Es recuperar el poder sobre uno mismo, sin entregarlo al odio ni a la herida.

Y más allá de lo humano, hay otra clase más honda aun, Jesús no esta hablando solo de relaciones entre personas, habla de la actitud del alma despierta.

El alma no ha entrado al reino, no guarda cuentas, no tiene enemigos, no busca castigo, solo quiere restaurar, reconciliar, sanar.

Pero su mensaje fue tan revolucionario poque interrumpía la ley del castigo, la lógica de la venganza, el ojo por ojo, que aun domina al mundo.

Jesús no quiso venganza multiplicada como aparece en el Génesis, quiso perdón multiplicado. Donde ante había una cadena de violencia él sembró una cadena de misericordia,

Y ese es el reino, no un lugar lejano, ni una promesa futura, sino una forma de vivir aquí y ahora.

Perdonando sin límites, amando sin condiciones, caminando ligeros.

JESUS. EL MAESTRO DEL ALMA

El despertar que vino del alma.

No vino a fundar una religión. No pidió templos, ni rituales. No exigió sacrificios.

Jesús vino a despertar el alma. A recordar que el Reino no esta en el cielo, ni en el dogma, sino en lo más profundo de cada ser humano.

Su vida fue un grito sueve y firme contra los sistemas del miedo. Los que gobernaban con leyes y condenas no podían entenderlo, como de hecho lo hicieron, no lo entendieron.

Los que vendían el perdón con incienso y monedas, lo vieron como una amenaza, porque él hablaba de un Dios que no necesitaba intermediarios, un Padre que no castiga, sino que espera con los brazos abiertos.

Jesús no solo habló del amor, lo encarnó, lo practicó, lo respiró.

Amó al extranjero, al impuro, al excluido. Perdonó a los que la ley quería apedrear. Sanó sin preguntar si creerían.

Cuando Pedro le preguntó cuántas veces debía perdonar le respondió 70 veces 7, es decir siempre.

Jesús sabía que el alma humana se enferma no solo por el pecado, sino por el rencor, la culpa y el juicio. Por eso no vino a condenar, sino a liberar.

Con el tiempo su mensaje fue distorsionado, se le volvió a colocar una corona, no de espina, esta vez de oro. Se construyeron templos, se levantaron tronos, se inventaron dogmas y al centro de todo, una cruz con un Jesús sangrante. No para recordarnos su entrega, sino para culparnos eternamente.

El poder con sotana descubrió que el miedo es una herramienta más eficaz que el amor y que un pueblo culpable es un pueblo obediente.

Ese no es el Jesús del Evangelio interior. No es el maestro que dijo: "El Reino de Dios está dentro de vosotros". "Bienaventurados los misericordiosos". "No juzguen y no serán juzgados". "Vengan a mí los que están cansados y yo los aliviaré".

El reino ya está aquí: El reino de Dios no es un lugar en el cielo, no es una promesa futura, es una conciencia presente, una manera de mirar, vivir, sentir. Es cuando eliges perdonar en lugar de vengarte. Cuando eliges soltar, en vez de retener, cuando el ego deja de gritar y el alma empieza hablar,

El verdadero camino que Jesús mostró es el interior, no tiene pasos fijos, mandamientos escritos en piedras, solo tiene un amor despierto.

En los textos prohibidos de Tomas y Magdalena se revela un Jesús más cercano, más humano, más divino. Un Jesús que habla al corazón, no al sistema.

"Si sacas lo que hay en ti te salvará" (Tomás logion 70)

El hijo del hombre está dentro de ti" (Evangelio de Tomás)

"La verdadera humanidad es espiritual" (María Magdalena)

Este libro no es una ruptura con Jesús, es una ruptura con la mentira que lo rodeo, es un llamado a descender al altar del cuerpo muerto y a resucitar al Cristo vivo que habita en ti.

Cuando ya no necesites sentirte pecador para acercarte a Dios cuando ya no creas que otros tienen que hablar con el cielo por ti, cuando mires dentro de ti y reconozcas la chispa de lo divino, entonces habrás entendido el mensaje de Jesús y ese día el reino te habrá llegado.

JESUS NO FUE EL UNICO

La humanidad desde hace muchos siglos ha tenido la oportunidad de lograr el despertar espiritual, Jesús llegó en su momento, pero antes de él, han sido otros los iluminados que lo han intentado y dejaron sembrada sus enseñanzas que poco a poco se han dado a conocer. Sin embargo, la humanidad en su mayoría continúa en su ignorancia de la cual se han aprovechado otros intereses como el religioso y el político para mantenerlos en la oscuridad siendo presas fáciles para someterlos, manipularlos y utilizarlos.

Jesús no fue el único, antes de él, siglos antes hubo iluminados como Hermes Trimegisto, Zaratrustas, Krishna y Buda cada uno con sus propias creencias y experiencias buscando el despertar de la conciencia en los demás, hecho que no ha sido fácil, ni aún lo es, por la manipulación de quienes ven en peligro el control que ejercen sobre la humanidad obteniendo grandes beneficios de poder y riqueza.

HERMES TRIMEGISTO:

Su nombre significa "Hermes el tres veces grande", es una figura mítica que representa la unión de dos grandes tradiciones espirituales: la sabiduría egipcia y la filosofía griega. Se le considera el autor de una serie de textos llamados "escritos herméticos", que trasmiten enseñanzas sobre el universo, el alma, la mente y la divinidad.

Hermes encarna el ideal del maestro iluminado que posee el conocimiento profundo del cosmos y del ser humano.

Sus enseñanzas principales tal como las conocemos:

"Todo está conectado, como es arriba es abajo" (Tabla Esmeralda)

"El ser humano contiene la chispa divina". El alma es inmortal y tiene el potencial de unirse con lo divino".

El conocimiento verdadero es interior: no se trata de fe ciega, sino de gnosis, es decir experiencia espiritual directa.

La transformación espiritual (alquimia del alma) La gran obra del ser humano es conocerse y tramutarse desde dentro.

Al igual que Hermes, Jesús habló que el reino de Dios está dentro del ser humano, que la verdad se revela desde el corazón, que el alma puede renacer a la luz.

Tanto Jesús como Hermes representan caminos a la iluminación interior, más allá de los ritos y estructuras externas. Es decir, iglesias, sacerdotes o guías, es un proceso y una determinación interna, que muchos lo han logrado como Francisco de Asís, María de Calcuta, Gandi y Martín Luther King, entre otros,

ZARATRUSTA:

Junto con Jesús, Buda y Hermes, Zaratustra fueron reformadores religiosos, guías del alma, mensajeros del despertar, portadores de una sabiduría que no impone, sino que invita a mirar hacia dentro. En sus palabras se refleja una verdad compartida.

"Dios había dentro del ser humano y el camino a la divinidad para la transformación interior.

Zaratustra enseñó que el universo está en guerra constante entre la luz y las tinieblas y que el ser humano, mediante el libre albedrio tiene el poder de inclinar esa balanza:

"Hombres aprended esta enseñanza: hay dos principios en existencia, uno que es bueno y uno que es malo, Escoged cual entendimiento"

Jesús siglos más tarde, haría un llamado similar al discernimiento espiritual: "La luz vino al mundo, pero los hombres amaron más las tinieblas que la luz, porque sus obras eran malas".

Estos dos iluminados nos llaman a elegir la conciencia a alinearnos con la verdad, aunque eso implique ir contra las estructuras de poder o contra la comodidad personal.

BUDA:

El Buda enseñó que el sufrimiento nace del deseo y la ignorancia y que puede superarse mediante el despertar de la mente, el desapego y la compasión:

"El insensato duerme mientras vive. El sabio en cambio, despierto, brilla como la luna saliendo de las nubes".

Jesús también habló del despertar, de estar alerta, de no dejar que el alma se duerma en lo material.

"Velad pues no sabéis ni el día ni la hora"

"El que no nace de nuevo no puede ver el reino de Dios"

Ambos reconocen que el reino o Nirvana no es un lugar físico, sino un estado del alma. Y ambos enseñan que ese estado se alcanza mediante la conciencia despierta

KRISHNA

Desde las vedas surge Krishna avatar divino del hinduismo, quien en el Bhagavad Gita revela una sabiduría muy parecida a la que Jesús enseñaría siglos después.

El llamado de Krishna no es al ritual externo sino a la acción consciente, nacida del amor y desapego:

"Entrega todas las acciones a mí, con el corazón concentrado en el espíritu. Libérate del apego, y lucha sin ansiedad."

"Aquel que me ve en todos los seres y a todos los seres en mí, nunca se separa de mí.

Jesús con palabras distintas dijo lo mismo:

"Todo lo que hicisteis a uno de estos mis hermanos más pequeños, a mí me lo hicisteis"

"El que permanece en amor, permanece en Dios".

En conclusión, Jesús no vino a fundar una religión sino a despertar almas dormidas, lo mismo hicieron Buda, Zaratustra, Hermes y Krishna, cada uno desde su cultura, pero todos con un mismo fuego el llamado a recordar quienes somos realmente.

La verdadera religión no divide, reúne. Y si escuchamos con el corazón abierto descubrimos que todos esos sabios hablan con una sola voz: la voz del alma que regresa a la luz.

Cabe ahora preguntarse, ¿por qué fue Jesús quien más trascendió siendo todos iluminados con diferentes caminos, pero la meta era la misma: el despertar de conciencia de la humanidad?

Jesús llevó su mensaje persona a persona, de frente, en la calle, en los templos, en los mercados, a pescadores, a indigentes, a hombres, mujeres y así recorría los pueblos de uno en uno, sin diferencia, con claridad, con tenacidad.

Jesús fue un predicador fuera de paredes, no se encerró, no se guardó, se volcó a la gente, entregó su vida por la humanidad, era un peligro para el poder constituido, tanto el religioso, como el político y por ello, no se conformaron con llevarlo a la muerte tan feroz como fue la de él, sino que lo tomaron como símbolo, líder popular, guía y a la vez señor de la verdad y al tomarlo, le cuadraron una religión a la medida y diseño de quienes ejercían los dos poderes que en esos tiempos dominaban los pueblos: la religión y la política, dominados por un emperador que reinaba en casi toda Europa y Asía y así lo convirtieron como el mártir que ya idolatraban en cuevas, pueblos, plazas y demás.

Su mensaje ya había tomado vuelo, lo repetían en todas partes, primero a escondidas, en refugios, escondites, y luego por todos lados el Nazareno, el Galileo era el hijo de Dios y dominó el resto de las religiones paganas que adoraban estatuas.

Tanto fue, que vivimos en un mundo con un Antes de Cristo y Después de Cristo, lo colocaron en la mitad de un mundo que cambió radicalmente con su sola presencia, palabra y sacrificio aceptando la muerte en una cruz (esto en duda, fue clavado, pero en un solo palo con los brazos hacia arriba como era la costumbre del momento) pero el hecho es, que Jesús está ubicado en la mitad del mundo.

En otras palabras, los jerarcas religiosos y políticos decidieron dominar y controlar su historia, y muy sutilmente lo utilizaron como símbolo, el dogma oficial, en decir lo sacrificaron y luego utilizaron su nombre que se mantiene hasta nuestros días, son dos mil veinticinco años y contando

Dice la historia que años después apareció un hombre de su misma fisonomía, don de palabra, místico y sabio, llamado Apolonio de Tiana a quien muchos lo confundieron con el Mesías, pero no lo era y hasta allí quedo su mito, lo señalaron como impostor cuando realmente fue un hombre místico, con palabras sabias, pero sencillamente no era Jesús.

¿POR QUE JESUS ESCOGIO A ORIENTE?

Está es una pregunta que nos vemos en la necesidad de responder por qué nosotros mismos nos hemos plateado esa interrogante y luego de varias opiniones e investigaciones podemos señalar que es una respuesta profunda, trataremos de resumirla en los puntos más importantes.

Desde el punto de vista geográfico Galilea era una región en el norte de Palestina, parte del imperio romano, que servía como punto de encuentro entre la cultura judía y gentiles o no judía.

Era una zona periférica que servía como punto de encuentro entre culturas judías y gentiles que constituían una zona muy poblada.

Era una zona periférica y menos ortodoxa que Jerusalén, el centro del poder religioso. Allí vivían personas consideradas más abiertas, o incluso herejes así considerados por los fariseos. Jesús fue criado en Nazareth, un pueblo marginado de Galilea, lo cual encajaba con su mensaje: venir no a los poderosos, sino a los humildes y despreciados, incluso Juan 1:46 decía: "¿Acaso puede salir algo bueno de Nazareth? Expresando el desprecio que tenían incluso los judíos por esa región.

En cuanto a su espiritualidad y simbolismo del occidente podemos señalar que, en muchas tradiciones espirituales, el oriente representa el lugar del nacimiento de la luz, del conocimiento y del despertar.

El sol sale por el oriente y por eso se lo ha asociado con la iluminación espiritual desde tiempos antiguos.

Jesús no fue físicamente al oriente del universo, pero nació en el oriente del mundo antiguo (Asia occidental), en una región donde convergían enseñanzas de sabiduría ancestral: persas, caldeas, egipcias, babilónicas e incluso indias y griegas.

Algunos estudiosos de esoterismo sostienen que Jesús escogió nacer, predicar en esa región por ser un cruce de líneas energéticas y caminos de sabiduría antigua,

Galilea estaba conectada con rutas comerciales que comunicaban con Egipto, India, Persia y Grecia. Esto facilitaba la difusión de su mensaje hacia los confines de mundo conocido.

También hay teorías que dicen que, en su juventud, Jesús pudo haber viajado a oriente (india, Persia y Tíbet) y regreso a predicar ya iluminado, por eso escogió un punto que conectara ambos mundos.

Aquí nos preguntamos entonces y ¿por qué no escoger Occidente?

Lo que hoy llamamos Europa Occidental estaba dominado por el Imperio Romano, con una visión más materialista, militar y con el poder centrado.

Jesús no lo escogió porque su mensaje no era de conquista ni de poder, sino de transformación interior y su semilla debía nacer en tierra fértil espiritual, no imperial.

Y muy curiosamente su mensaje fue deformado y romanizado por esa misma cultural occidental ambiciosa, bélica y materialista.

Resumiendo, Jesús llegó a Galilea por ser una región abierta, mestiza y humilde más acorde con su misión. Era simbólicamente la cuna de la luz espiritual, era puente entre culturas sabias del pasado con Egipto, Persia, india y el futuro de la humanidad.

El occidente en cambio representaba el poder, no el alma, la ley, no el amor.

Explicado más literariamente el ¿por qué Galilea?, expresamos que Jesús nació en un rincón olvidado del mundo, en una tierra áspera y polvorienta donde los imperios pasaban, pero el alma seguía buscando a Dios. Nazareth, una aldea en Galilea, al norte de Palestina, no figuraba en los mapas de los sabios, ni en los cantos de los profetas del templo.

Sin embargo, allí fue sembrada la semilla que haría temblar a reyes y templos, una semilla de la luz envuelta en silencio.

Jesús vivió en el margen, en lo pequeño lejos de Jerusalén y su arrogancia religiosa. Desde niño fue testigo de la vida dura de los oprimidos, de los pescadores, de los campesinos, de las mujeres invisibles y de los niños sin escuelas.

En Galilea, mezcla de culturas, dialectos y esperanzas olvidadas, Jesús aprendió a mirar el mundo desde abajo, desde el alma.

¿Por qué Galilea? ¿Por qué en el oriente del mundo y no en el Occidente Imperial?

Porque la luz nace por el oriente, porque allí donde el sol se levanta, también despierta la conciencia, porque Jesús no vino a imponer, sino a encender y el fuego no prende sobre el mármol del poder, sino sobre la madera del corazón.

En oriente se tejieron las primeras palabras sagradas, allí desde las tierras del Ganges y el Éufrates, desde los papiros egipcios hasta las visiones del Zend Avesta, el espíritu hablaba en susurros de eternidad. Jesús no fue ajeno a esa herencia invisible.

Dicen que viajó en secreto, que sus pies pisaron templos de sabiduría olvidada, otros afirman que sus conocimientos vienen por la vía interna, por comunión directa con el Espíritu, sin mediadores.

Lo cierto es que cuando volvió a Galilea no era un carpintero más, ya había despertado, había comprendido que el reino no vendría con violencia, ni con tronos.

Durante años Jesús guardó silencio, observó, escuchó, meditó. No predicaba aun, pero su presencia ya transformada. En su mirada habitaba el eco del universo. El tiempo no lo apuraba sabía que la palabra que nace antes del corazón es solo ruido.

Entonces cuando el momento fue justo la voz lo llamó desde adentro: "Este es ni hijo amado, en quien tengo complacencia" el momento había llegado sobre el río Jordán, bautizado por Juan Bautista.

"La verdad es del cielo, los que dicen la verdad son juzgados por los que tienen poder en la tierra" (Repuesta de Jesús a Pilatos)

¿ES LA RELIGION UN SISTEMA DE CONTROL?

La repuesta a esa pregunta siendo muy honestos es: El mensaje original de Jesús no lo fue, pero la religión cristiana institucionalizada, en gran parte, si lo ha sido.

Comencemos por señalar que el mensaje original de Jesús fue de libertad y transformación interior.

Recordemos que Jesús no fundó una religión en el sentido institucional, con jerarquías, dogmas ni estructuras de control. El libero a las personas del miedo, del pecado como castigo, de la culpa paralizante, de la manipulación religiosa de su tiempo.

Su enseñanza fue directa, simple, universal, resumida en sus palabras: "Conoceréis la verdad, y la verdad os hará libre: (Juan:8:32)

Jesús no pidió templos de piedra, ni sumisiones ciegas, ni diezmos obligatorios. Llamó a la conciencia individual, al despertar espiritual. A ver a Dios como Padre amoroso y no como un juez terrible.

Fue después de la muerte de Jesús especialmente con la influencia de Pablo de Tarso y posteriormente con la fusión del cristianismo con el imperio romano, desde Constantino

198

en el siglo IV, el mensaje de amor y libertad comenzó a mutar, se impusieron: dogmas rígidos, jerarquías: papas, cardenales, obispos, clero), Amenazas de condenación eternas, control de conciencia a través del miedo y la culpa.

Así la iglesia se convirtió en institución de poder político y social usando la fe como instrumento de control.

Se persiguió al disidente, se quemaron libros, se silenciaron voces místicas como los Cátaros, gnósticos, mujeres sabias, místicos libres.

Lo peor fueron la Inquisición, las Cruzadas, los Templarios, todo fue parte de un sistema que buscaba someter, no liberar.

Definitivamente, la religión cristiana en su forma institucionalizada ha funcionado como un sistema piramidal de obediencia.

Veamos: Dios en lo alto, inalcanzable sin intermediarios

Con un clero como único canal de acceso y un pueblo ignorante, temeroso, obligado a obedecer.

De otra manera es imposible ser perdonados sus "pecados" (por cierto, seleccionados por la jerarquía).

Así la realidad ese modelo sirvió para:

Sostener monarquías absolutas

Justificar la esclavitud, el colonialismo y la violencia según en nombre de Dios.

Controlar la sexualidad, la libertad femenina y el pensamiento crítico.

Como vemos todo eso ha sido contrario al espíritu de Jesús lleno de amor, libertad y perdón.

Ahora bien, no todo en la religión cristiana es oscuridad, a lo largo de la historia han existido almas profundamente cristianas y libres que vivieron el Evangelio autentico, como: Francisco de Asís, Teresa de Ávila, Tolstói, Dorothy Day, Monseñor Romero, entre otros.

Ellos, desobedecieron la estructura cuando ésta oprimía, buscaron vivir al margen sin someter, ni someterse.

Queremos así con este modesto libro escrito por una mujer que logra despertar y que otros lo hagan luego de largos años totalmente alejada de la Iglesia Católica, mas no de Jesús de Nazareth como siempre lo llamo, a quien tengo en mis conversaciones a lo largo de mis muchos días. Deseo que este libro lleve a muchas personas a reflexionar, analizar, investigar, leer y reconocer como fue Jesús en su vida, en su palabra, en su ejemplo y como la jerarquía eclesiástica lo ha utilizado de diferente manera para beneficio de ellos y perpetuarse en ese poder que abarca hasta el poder político. Esa religión no es el verdadero camino, cuando el camino es Jesús, el que está dentro de nosotros, ese que tenemos que despertarlo, entendamos que somos todos uno con el infinito, basta de estar sometidos a esa cúpula religiosa que nos ha obligado a obedecer para no ir a un infierno inventado por ellos, o por temor a un "Juicio Final" que nos convierte en un constante tribunal mental, que horror, que lejos del Jesús que hemos encontrado y que esperamos que muchos lo encuentren.

Digan NO al Jesús del poder con sotana, y SI al Jesús del camino, del corazón y del alma despierta.

EL PAPA LEON XIV LA OTRA CARA DEL PODER

Sorprendidos todos por las ultimas palabras del Papa León XIV quien una mañana se presentó hablando de fuertes reformas dentro de la iglesia católica que ha provocado sobre todo en esos cardenales y obispos que ven en peligro sus grandes beneficios tanto en lo económico como en las influencias que ellos tienen dentro del clero y en el mundo financiero eso ha provocado un revuelo donde se habla de un nuevo concilio, de su renuncia e inclusive de dividir a la iglesia que puede concluir en un colapso, en un sismo dentro del Vaticano y fuera de él.

León XIV continuará las reformas que quedaron en el camino del Papa Francisco por su fallecimiento, lo vemos como la gran oportunidad de darle otra cara a lo religioso, en esta oportunidad en manos de un Papa que está dispuesto a todo para seguir el verdadero camino de Jesús.

Cuando Jesús caminó por Galilea, no llevaba báculo, ni corona. Iba descalzo, con la arena en los pies y la verdad en la boca, no levantó templos de piedra, sino construyó templos de conciencia a eso desea llegar el nuevo Papa León XIV.

Hoy al fin un Papa vestido de blanco habla de cambio, reforma, sinodalidad, dice que la iglesia debe escuchar, caminar con el pobre, mirar al mundo como un templo vivo.

Sus palabras suenan como aquellas palabras que callaron de María Magdalena a quien al fin puede le hagan justicia.

León XIV quiere abrir las puertas del Vaticano, pero son siglos de poder que se resistirán.

Dudamos que esos aun poderosos dentro de esas paredes de lujos deseen quitarse sus privilegios.

A Jesús aun lo crucifican día a día esos que hoy anuncian posiblemente una solicitud de renuncia del nuevo papa o una convocatoria a un nuevo concilio.

León XIV presenta una reforma como una revolución espiritual, sinodalidad, apertura ecológica, dialogo interreligioso, transparencia digital, descentralización litúrgica.

Nosotros nos preguntamos, ¿esa reforma llega al fondo del problema, o solo cambian el rostro del sistema que por siglos silenció a las almas despiertas?

Creemos que esas reformas deben ir un poco más allá, no mirando a Jesús como quien murió por ellos, pero no al Maestro que vive dentro de nosotros.

León XIV no es el problema, el problema es la estructura que se sigue resistiendo morir para nacer de nuevo.

Jesús no dejó normas, dejó parábolas, no impuso culpa, sino libertad, y mientras no se busque que ese Jesús sea el Jesús interior, ético, liberador, ninguna reforma bastará, serán efímeras.

Seguirá el sistema de control a través del miedo a un infierno inventado y a un juicio final como tribunal mental.

CONCLUSION

Este libro no pretende destruir la fe, sino liberarla. No busca desacreditar a Jesús, sino rescatarlo del polvo de los templos, de las vestiduras doradas, del incienso que ahoga su mensaje, Jesús no vino a fundar religiones, vino a despertar almas.

Durante siglos, se ha levantado un muro entre el ser humano y lo divino. Un muro construido con dogmas, miedo, castigos eternos y jerarquías sagradas.

La figura luminosa de Jesús fue domesticada, manipulada, convertida en instrumento de control. Se usó su nombre para justificar cruzadas, inquisiciones, persecuciones y silencios cómplices.

Su mensaje fue truncado por estructuras de poder que han hecho más para mantener el rebaño en obediencia, que por liberar el espíritu humano.

Pero el verdadero Jesús no desapareció. Está en cada palabra de amor sin condiciones. Está en cada acto de compasión, en cada alma como la nuestra que se rebela contra la injusticia.

Esta en cada corazón que intuye que hay algo más profundo que los ritos y las doctrinas tal como lo pensaba desde mi adolescencia.

Jesús no está en los tronos de los obispos, ni en los títulos de los teólogos. Está en la mirada del que perdona, en el pan repartido sin testigos. En la conciencia que se atreve a mirar hacia dentro y decir Dios habita en mí.

La religión cuando somete, cuando castiga, cuando divide, traiciona su propósito. El reino que Jesús anunció no es un lugar, ni un imperio, ni una catedral. Es un estado del alma despierta, un estado en el que ya no hay esclavos ni señores, porque todos somos hijos de la misma luz.

Este libro es una invitación, una llamada, un recordatorio.

No necesitas un templo para orar, no necesitas un sacerdote para ser escuchado, no necesitas miedo para encontrar la verdad.

Jesús no vino para abolir las cadenas, ni a cambiarlas de forma. Vino a decirnos que el Padre no está lejos, sino dentro de nosotros, muy cerca, muy íntimo.

El camino hacia él no es la obediencia ciega, sino el amor vivido.

La historia ha dividido, ha etiquetado, ha construido cientos de religiones que proclaman tener la verdad. La verdad a nadie pertenece. No se encierra, no se patenta.

La verdad se reconoce en lo más hondo del ser, de nosotros y quien ha visto la luz no vuelve a postrarse ante el miedo, por eso hoy que me estás leyendo, no te resignes al molde, no temas pensar, analizar, dudar, sentir y buscar. Estas en libertad para conseguir tu verdad sin traumatizarte con un infierno que solo existe en sus dogmas para someterte.

Dios o Jesús no nos quieren como súbdito, quiere hijos conscientes. Recuerda que Jesús no busca creyentes obedientes, busca que lo acompañemos en el camino.

Volvamos al camino original, a ese Jesús del polvo, no del oro. Al Jesús que sana sin cobrar, que perdona sin condiciones, sin amenazas, que enseña sin oprimir, volvamos a la raíz, al verdadero reino que se siembra dentro del corazón y florece en libertad, amor y verdad.

La Voz de quienes si lo comprendieron:

"Si sacas lo que está dentro de ti, lo que saques te salvará. Si no sacas lo que está dentro de ti, eso que no saques te destruirá" (Evangelio de Tomás, logion 70)

Jesús no entrego su sabiduría solo a las masas ni a los jerarcas del templo, la compartió con quienes sabían ver mas allá del velo. A Tomás le enseñó que el Reino no estaba ni en el cielo, ni en la tierra, sino dentro de cada uno.

A María Magdalena le reveló los secretos del alma que eleva, del espíritu que no se somete, del amor que vence al mundo.

"No los ata el pecado. Se llaman libres y son libres en la verdad. (evangelio de María Magdalena, 8:11)

Y ella la discípula que comprendió lo que otros no pudieron, afirmo sin temor.

"Vi al Señor y él me habló en una visión" (Evangelio de María Magdalena, 5:1)

La visión no fue impuesta desde afuera, le llego desde el alma en comunión directa con su Maestro, porque el verdadero Cristo no exige sumisión, sino presencia. No ordena desde un trono, sino guía desde dentro del corazón"

"Quien se conozca a sí mismo, conocerá al Todo" (Evangelio de Tomás, logio 67)

La Resurrección:

La segunda venida de Jesús es cuando cada uno despierte.